COLLECTION POÉSIE

PAUL ÉLUARD

Poésies

1913-1926

PRÉFACE
DE CLAUDE ROY

GALLIMARD

PRÉFACE

Entre 1916 et 1926, pendant les dix années où les textes réunis ici écrivirent le premier Paul Éluard, on ne parlait pas encore de « jeunes gens en colère », mais la colère parlait le plus souvent par la voix des jeunes gens. Paul Éluard avait l'air d'être le plus doux d'entre eux. Mais qui se fie à l'eau qui dort ? Sûrement pas le vent.

Aux jeunes hommes qui commencèrent alors d'écrire, il y avait un mot qui semblait aussi inconvenant que peut l'être aujourd'hui le mot récupérer *pour ceux qui commencent maintenant à réfléchir. C'était le mot* Littérature *et sa constellation : littérateur, écrivain, « homme de lettres », littératé, etc. C'est pourquoi, bien entendu, une des premières revues que lancèrent Breton, Aragon et Soupault s'appelait* Littérature *: si elle se proposait d'imprimer des phrases, c'était par antiphrase. Toutes leurs vies, quand ils étaient d'humeur à la querelle (souvent), les mousquetaires de Dada et du surréalisme se sont mutuellement soupçonnés ou accusés par intermittences d'être (de n'être que) des écrivains, de* faire de la littérature.

Ils avaient à cela une excuse, et ceux qui ne les comprenaient pas : c'est qu'ils se servaient de mots.

Mais leur intention était de mettre les mots au service

9

*d'autre chose et de plus que les mots. Changer le diction-
naire de costume, lui mettre un bonnet rouge, ou vert, ou noir,
ce n'était pas assez. C'est la vie qu'il fallait changer. On
peut prendre la vie de beaucoup de façons : la prendre à la
main, la prendre à rebrousse-pelage, la prendre ou la laisser,
la prendre de force, la prendre au piège.*

*Ils étaient deux qui inclinaient plutôt à la prendre aux
mots, comme on pêche au filet. Paul Éluard et Jean Paulhan
s'intéressaient passionnément au langage.*

*En 1916, Paul Éluard avait vingt et un ans et de la
peine à vivre. C'était le cas de millions d'hommes contraints
de faire la guerre, et très souvent de faire des morts.*

*En 1916, Paul Éluard avait mille ans. Il avait fait des
études, été malade, amoureux, et il avait même été poète.
Son père était un brave homme qui s'était « fait lui-même »,
et s'était fait marchand de biens. Mais il apparaissait sur-
tout au jeune Éluard que le monde appartenait à cette époque
aux marchands de mal. Il avait publié en 1913, sous le
nom de Paul-Eugène Grindel, un recueil intitulé* Premiers
poèmes. *La préhistoire de Paul Éluard n'appartient pas
du tout à son histoire. On dirait que le 31 juillet 1914
furent assassinés le même jour Jean Jaurès et le jeune Paul-
Eugène. Quand il écrira au front, en 1916, les poèmes du*
Devoir, *il les signera Paul Éluard. C'est désormais un
autre, le vrai.*

*Les jeunes poètes intéressants aujourd'hui, un demi-siècle
après les débuts de Paul Éluard, sont en général passion-
nément intéressés par les structures de la poésie. La poétique,
la métrique, les formes fixes et leurs combinaisons, la phoné-
tique, les codes leur apparaissent primordiaux. Quand le
visage de Paul Éluard fait craquer le masque étroit de
Paul-Eugène Grindel, ayant vécu mille ans, il a derrière
lui une longue expérience de poète des années 1970 — sim-*

plement de mauvais poète. Mais si la poésie est restée pour
lui un secret, après lequel il court, les formes « régulières »
de la poésie n'avaient plus de secrets pour lui. Les Premiers
poèmes du petit Grindel varient toutes les structures tra-
ditionnelles de la prosodie française : ballade (« à la louange
de Catulle Mendès »), ballade (« russe en forme de triolets »),
sonnet, rondeaux, rondels et rondelets. Il reprendra (magistra-
lement) ce propos plus tard. Mais la recherche linguistique
que Paul Éluard va entreprendre entre 1916 et 1926, de
concert avec son ami Jean Paulhan, de tumulte avec les tirs
d'artillerie et de chaos-cri avec Dada, se situe maintenant
ailleurs. « La grande affaire, écrira plus tard son ami
Aragon, était de désapprendre et non d'avoir appris. »
L'adolescent Grindel avait beaucoup appris. Au sanatorium,
il avait lu tous les livres, et la chair des hommes saignait.
Un grand discours s'était répandu sur toute l'Europe, un
discours enflammé : c'est le mot. Ce discours avait mis le
feu au monde. Une parole tout à fait claire (mais menson-
gère), tout à fait logique (mais démente), tout à fait cohérente
(mais mortelle) avait, comme un tambour, entraîné au
combat des millions de pauvres hommes. Il s'agissait plutôt
désormais de démobiliser l'éloquence, de mettre la logique en
congé, d'envoyer la raison en permission et de demander des
comptes à la parole quasi universelle qui avait couvert les
cris du massacre général.

Trois Grands Vérificateurs des Poids et Mesures du
langage étaient déjà apparus dans le monde, qui avaient
affirmé leurs soupçons sur l'aloi des mots, et démontré tous
les trois qu'il ne faut pas croire la parole sur parole. Marx
avait soupesé le mot travail, et découvert qu'il signifiait
aussi plus-value. Lewis Carroll avait prêté l'oreille d'Alice
aux phrases des « grandes personnes » et conclu que leur
sérieux n'était pas si sérieux qu'elles le prétendaient. Puis en

1899, Sigmund Freud avait découvert que la règle du jeu des mots est souvent de prendre un mot pour un autre, et que les mots du rêve et le rêve des mots sont d'abord jeux de mots. Attention, disaient l'oncle Karl, l'oncle Lewis et l'oncle Sigmund, un train peut en cacher un autre ; un mot en cache toujours (ou quasiment) un autre.

Les expériences *auxquelles va se livrer Éluard entre* Le devoir et l'inquiétude *(1917) et* Les dessous d'une vie *(1926) n'ont pas pour but d'affirmer l'originalité ou la virtuosité d'un écrivain, d'aiguiser ou de souligner sa singularité, ni de créer « un frisson nouveau » pour les « connaisseurs ». Éluard n'est pas non plus à cette époque « à la recherche de lui-même », comme on dit. Tout se passe au contraire comme s'il s'était trouvé d'emblée, en même temps qu'il prend congé de Grindel pour adopter le nom de sa grand-mère. La voix la plus éluardienne se fait entendre dès le début, inimitable comme eau de source, effervescente de limpidité, volubiles et lisses vocalises de bulles d'oxygène naissant. La note juste et singulière est donnée, qui ne sera pas plus pure, mieux tenue au courant des années : ni la cascade, ni la fraîcheur d'une matinée de soleil à dix ans, ni la joie d'amour ne sont* perfectibles. *Et Paul Éluard ne fera pas mieux à cinquante ans qu'à vingt-deux, quand il publie dans la revue* Les Trois Roses *le poème qui s'intitule « Un seul être » :*

A fait fondre la neige pure,
A fait naître des fleurs dans l'herbe
Et le soleil est délivré.

Ô! fille des saisons variées,
Tes pieds m'attachent à la terre
Et je l'aime toute l'année.

Notre amour rit de ce printemps
Comme de toute ta beauté,
Comme de toute ta bonté.

La parole première d'Éluard lui est facile *(il aime à juste titre le mot), innocente-savante, donnée-méritée, immédiate-méditée, naïve-rusée. Il va pourtant, méthodiquement, passionnément, la rompre, la décevoir, la refuser, en soupçonner le prime-jet, en décourager l'évidence. Lui, dont les mots, dans leur candeur de naissance, sont tombés amoureux à première voix, il va leur faire la vie dure. Il va les mettre à l'épreuve :* « TAISEZ-VOUS, le langage n'est pas stenosteno, ni ce qui manque aux chiens », *crie-t-il dans un « papillon » de Dada. A Tzara, il écrit :* « Nous humilierons la parole de bonne façon. » *Il épouse la méticuleuse méfiance de son ami Jean Paulhan, qui murmure, circonspect :* « Le sens *(des mots)* ne leur est pas une propriété tellement assurée », *ou bien :* « Les mots ne sont pas une traduction des pensées. » *Éluard va essayer tous les moyens possibles de déconcerter le concert trop tranquille de la parole qui se croit arrivée, alors qu'elle n'est qu'égarée dans le ronronnement et la duplicité :* « L'homme a le respect du langage et le culte de la pensée, *écrit-il en mai 1920 dans* Littérature; s'il ouvre la bouche, on voit sa langue sous globe et la naphtaline de son cerveau empeste l'air. »

Briser les « globes », *chasser l'odeur de* « naphtaline », *ce sera le premier souci d'Éluard. Il se défiera pendant des années du* poème *conçu comme une fin en soi. Il approuvera très longtemps le sourcilleux recul de son ami Breton devant des vers* « réguliers », *devant la redoutable compromission de l'alexandrin, ou d'une prosodie visible et délibérée. Le premier poème publié par Éluard (en 1914),* « Le fou parle », est le discours « incohérent » d'un demeuré, et, seize ans plus tard, L'immaculée conception *(1930) qu'il écrit en collaboration avec Breton, sera une suite « d'essais de simulation » des maladies mentales — délire d'interprétation, démence précoce, etc.*

Par les chemins de la jolie, de l'enfance, du rêve, de « l'association libre », de l'écriture automatique, du jeu de mots et du proverbe déjoué, de la divagation, il s'agit pour Éluard d'atteindre et de faire jaillir cette nappe profonde (et commune) du « langage le plus pur... celui de l'homme de la rue et du sage, de la femme, de l'enfant et du fou ». *On dirait qu'il ne consent de s'abandonner à la rigueur ordonnée du poème-poème que lorsqu'il a fait affleurer dans ses citernes une inépuisable ressource de poésie-d'avant-le-poème. Dans* Le devoir et l'inquiétude *il nargue doucement le chant :*

> Point de chanson : point de chanteurs.
> Ils dorment bien et bien leur fasse !

Les textes de la seconde partie de ce recueil sont d'ailleurs des proses, pareilles à des fragments oniriques déchirés comme un tissu de nuages par le vent. Les animaux et leurs hommes *est une tentative d'identification à l'animalité obscure (comme si la zoologie intérieure d'Éluard organisait le « chaînon manquant » entre Jules Renard et Francis Ponge : un* Parti *pris des bêtes). Dans* Exemples, Les nécessités de la vie, Répétitions, Les malheurs des immortels, Les dessous d'une vie, *la cohérence, le développement* « logique », *la* figuration *sont, comme systématiquement, refusés. La métaphore intellectuelle des « sources » d'une œuvre reprend ici toute sa force : nous sommes vraiment à la source de ce qui va fertiliser, faire éclore la poésie d'Éluard. C'est avec un recueil dont il croit, au seuil d'un grand « lâcher tout », qu'il sera son « dernier livre »,* c'est avec Mourir de ne pas mourir *qu'Éluard consentira à revenir au poème « en vers », reconquerra (brisée, ravivée, assouplie, revivifiée, et suivant enfin son « cours naturel ») la prosodie : assuré que le « beau vers » n'est plus seulement un bel objet : avant tout une parole vraie. Mais jamais ce jaillissement continu et ombragé de la* parole première, *la parole d'avant la parole, ne cessera de sourdre : épousé par la forme volontaire, de nouveau abandonné à son fil, de nouveau ressaisi, toujours irrépressible et à jamais intari. Comme la systole et la diastole d'un cœur battant, la poésie d'Éluard ira et viendra constamment entre* Les dessous d'une vie *et le sommet de la* « pyramide humaine », *entre le* donné *des mots qui se rêvent ou du rêve des mots, et le* conquis *du poème :* « Des rêves, *écrit-il,* nul ne peut les prendre pour des poèmes. Ils sont [...] la réalité vivante. Mais des poèmes [...] il est indispensable de savoir qu'ils sont la conséquence d'une volonté assez bien définie. » *Jusqu'à la fin, entre la « poésie volontaire » et la « poésie involontaire », la communication des eaux ne cessera jamais. Avant de parler, le poète écoute. S'écoute. Nous . écoute.*

Claude Roy.

Premiers poèmes

(1913-1918)

LE FOU PARLE

C'est ma mère, monsieur, avec ma fiancée.
Elles passent là-bas, l'une à l'autre pressée.
La jeune m'a giflé, la vieille m'a fessé.

Je vous jure pourtant que je les aimais bien;
Mais, constamment, j'avais le besoin bénin
D'exiger trop d'amour : ses larmes et son sein.

Je vous jure, monsieur, qu'elles m'ont bien aimé.
Ça n'est certes pas leur faute à toutes les deux
Si sans cesse je voulais être plus heureux.

C'est ma mère, monsieur, avec ma fiancée.

Pour moi, elles ne sont qu'un même être et leurs
charmes
Sont égaux ayant fait verser les mêmes larmes :
Ma mère a pleuré sur moi, qui sanglotais

Pour l'autre, refusant d'être à moi tout à fait;
Je ne sais pas lequel de nous trois fut blessé...
C'est ma mère, monsieur, avec ma fiancée.

1913

SOURDINE

Comme il fait moins froid ce soir !
Et comme les étoiles brillent !
Il fera beau demain matin
Dessus l'avenue de Versailles.
Il fera beau...
(Et l'air se perd comme une bille.)

Quand il fait beau, c'est agréable
De s'en aller de si matin,
Quand on sait que midi viendra
Avec la fin d'un long travail...
(Et l'air se perd comme une bille.)

Le long de l'avenue, c'est vrai
J'ai l'illusion de la campagne.
Il y a de si belles villas.
C'est vrai, j'aime tout cela !
(Et l'air est mort, l'air est perdu.)

1914.

La petite chérie arrive à Paris.
Paris fait du bruit. Paris fait du bruit

La petite chérie traverse la rue.
Le bruit tombe en pluie. Le bruit tombe en pluie

La petite chérie est sur le trottoir
Où de gros messieurs cossus et tout noirs

Empêchent son cœur de faire trop de bruit.

1915.

UN SEUL ÊTRE

I

A fait fondre la neige pure,
A fait naître des fleurs dans l'herbe
Et le soleil est délivré.

Ô! fille des saisons variées,
Tes pieds m'attachent à la terre
Et je l'aime toute l'année.

Notre amour rit de ce printemps
Comme de toute ta beauté,
Comme de toute ta bonté.

II

Flûte et violon,
Le rythme d'une chanson claire
Enlève nos deux cœurs pareils
Et les mouettes de la mer.

Oublie nos gestes séparés,
Le rire des sons s'éparpille,
Notre rêve est réalisé.

Nous posséderons l'horizon,
La bonne terre qui nous porte
Et l'espace frais et profond,
Flûte et violon.

III

Que te dire encore, amie?
Le matin, dans le jardin,
Le rossignol avale la fraîcheur.
Le jour s'installe en nous
Et nous va jusqu'au cœur.

Le jour s'installe en nous.
Et tout le matin, cherchant le soleil,
L'oiseau s'engourdit sur les branches fines.
Et fuyant le travail, nous allons au soleil,
Avec des yeux contents et des membres légers.

Tu connais le retour, amie,
C'est entre nous que l'oiseau chante,
Le ciel s'orne de son vol,
Le ciel devenu sombre
Et la verdure sombre.

IV

La mer tout entière rayonne,
La mer tout entière abandonne
La terre et son obscur fardeau.

Rêve d'un monde disparu
Dont tu conserves la vertu
Ou rêve plutôt

Que tu m'as gardé sur les flots
Que la lumière... Et sous le soleil
Le vent qui s'en va de la terre immense.

1917.

MON DERNIER POÈME

J'ai peint des terres désolées
et les hommes sont fatigués
de la joie toujours éloignée.
J'ai peint des terres désolées
où les hommes ont leurs palais.

23

J'ai peint des cieux toujours pareils,
la mer qui a tous les bateaux,
la neige, le vent et la pluie.
J'ai peint des cieux toujours pareils
Où les hommes ont leurs palais.

J'ai usé les jours et les jours
de mon travail, de mon repos.
Je n'ai rien troublé. Bienheureux,
ne demandez rien et j'irai
frapper à la porte du feu.

1917.

POUR VIVRE ICI

Ton rire est comme un tourbillon de feuilles mortes
Froissant l'air chaud, l'enveloppant, quand vient la
pluie.
Amer, tu annules toute tragédie,
Et ton souci d'être un homme, ton rire l'emporte.

Je voudrais t'enfermer avec ta vieille peine
Abandonnée, qui te tient si bien quitte,
Entre les murs nombreux, entre les ciels nombreux
De ma tristesse et de notre raison.

Là, tu retrouverais tant d'autres hommes,
Tant d'autres vies et tant d'espoirs
Que tu serais forcé de voir
Et de te souvenir que tu as su mentir...

Ton rire est comme un tourbillon de feuilles mortes.

*

Le vent passe en les branches mortes
Comme ma pensée en les livres,
Et je suis là, sans voix, sans rien,
Et ma chambre s'emplit de ma fenêtre ouverte.

En promenades, en repos, en regards
Pour de l'ombre ou de la lumière
Ma vie s'en va, avec celle des autres.

Le soir vient, sans voix, sans rien.
Je reste là, me cherchant un désir, un plaisir;
Et, vain, je n'ai qu'à m'étonner d'avoir eu à subir
Ma douleur, comme un peu de soleil dans l'eau froide.

1918.

*Le devoir
et l'inquiétude*
suivi de
Le rire d'un autre
(1916-1917)

Le devoir et l'inquiétude

A Fernand Fontaine, cl. 1916,
tué le 20 juin 1915.

Il y a tant de choses,
Il faudrait faire attention!
Vous êtes bien blâmables!
Les sauvages disaient cela.
Tu ne leur pardonnais pas
Quand nous étions ensemble.

La ville se dénoue un soir...
Tu vas jouer du violon.
A la Bastille on se sépare :
« Penseras-tu à tes devoirs? »
L'Indépendance est aux garçons.
Nous la cherchions
Quand nous étions ensemble.

Toute la terre, l'homme souffre
Et ton sang déchire le sol!...
Ils t'ont laissé au bord d'un gouffre!

Maintenant, ils sont bien seuls.

FIDÈLE

Vivant dans un village calme
D'où la route part longue et dure
Pour un lieu de sang et de larmes
Nous sommes purs.

Les nuits sont chaudes et tranquilles
Et nous gardons aux amoureuses
Cette fidélité précieuse
Entre toutes : l'espoir de vivre.

BANAL

Ils se perdent dans le silence,
Ivres prodigieusement.
L'équilibre de leur balance
Serait tonnerre en se rompant.

S'il y avait un intérêt
Dans la rumeur du ciel en flammes
L'aviateur illuminerait
Et nous laisserait.

SUPPLICE

I

Tous ceux qui se chauffaient
A un bon feu l'hiver
Trouvent la chose amère :
On les a destitués.

Ils se gonflaient l'âme et le corps
De chaleurs infinies,
N'étaient dehors
Que pour prouver leur chaude vie.

Ils ont les pieds gelés,
Ils ont les yeux gelés
Et rêvent de sanglots
Pour le feu désolé
Qui couvre un tas d'oiseaux
Point encore emplumés.

II

Et que le feu me brûle!
Il est toujours si loin
Que le plus court chemin
Me montre ridicule
Aux rêveurs du chemin.

Dites la chose affreuse :
Toutes les mains sont froides
Et la nuit nous font mal
Car la terre on la creuse
Avec une hâte affreuse
La nuit, et avec tant de mal!

Oh! toute cette vie,
Tout près de moi, le feu qui brûle...
Dites? serais-je ridicule?
Oh! vous tous, transis, hardis,
Je vous le dis : Notre vie brûle!

☆

Couchons-nous, mon vieux, il est tard.
C'est notre tâche d'être diurnes,
C'est notre tâche!
                  et l'infortune
Des autres d'ouvrir l'œil la nuit
Nous touche — mais ils ont dormi!

Personne ne doit plus passer
Sur la route et les églantiers
Mettent seuls dans le fossé
Leurs paumes claires ou bien rosées
Qu'aucune épine n'égratigne.

Couchons-nous, mon vieux, il est tard.
Assez jouer, assez boire.
Quittons l'arme et la ceinture
Et déplions les couvertures
Où dorment des bêtes noires.

LÉGER

Les soldats s'en vont par les avoines hautes
En chantant un refrain en l'air...
Le soleil entier sur leurs capotes
Les soldats s'en vont par les avoines hautes
Légers de la bonne manière.

Voyez au loin le trèfle vert
Cousu de gros fil rosé
Et les carrières
Qui sont comme des nuages au fond d'une vallée.

Légers de la bonne manière,
Ignorants du sac qui ne bouge
Et du fusil qui peint en rouge,
Ils vont, très vite, sans s'attendre...

Oh! vivre un moins terrible exil du ciel très tendre!

Soldats casqués, fleuris, chantant et détruisant.
Toujours, très lentement,
Mi-roues renouvelées dans les blés
Des camions, des canons, des caissons

Calme attente.

Le soir, le soleil qui se couche
Comme un fardeau glisse d'une épaule.

☆

Travaille-tout,
Creuse des trous
Pour des squelettes de rien du tout.

PLAISIR

La mer qui a tous les bateaux
N'est pas plus grande que l'endroit
Où dansaient, au son d'un roseau,
Les hommes d'un pays moins froid
Que celui-ci, pays de boue et d'eau.

La place nous semblait si grande,
Nous avions tant besoin d'être serrés
Que sans certains — qu'on les défende! —
Les danseurs étaient écrasés
Et nous prenions chaud autour d'eux,
Tout auprès d'eux!

☆

J'aime ce poème.

Ce n'est pas tous les jours dimanche
Et longue joie... Il faut partir.
La peur de ne pas revenir
Fait que son sort ne change.

Je sais ce qu'il a vu,
Ses enfants à la main,
Gais et si fiers de ce butin,
Dans les maisons et dans les rues.

Il a vu l'endroit où est son bonheur,
Des corsages fleuris d'anneaux et de rondeurs,
Sa femme avec des yeux amusants et troublants,
Comme un frisson d'air après les chaleurs,
Et tout son amour de maître du sang.

NÉCESSITÉS

La troupe qui rit toute vive dans l'ombre
Pour un soir peut boire sans envie...
A la bougie que les quarts sont jolis
Et les chansons qui finissent aussi.

Tout le jour des cris sans nombre
Pour une fête très douce à souhaiter
Ont bondi de tous les côtés,
Car ce fut fête de préférés...

En accrochant aux murs les couleurs qui le flattent
Demain chacun saura que la joie adorable
Est partie pour toujours. Et tous les gestes nus
Seront accompagnés de mots de bienvenue
Pareils à la pitié qui suit un misérable.

ANXIEUX

Point de tombes en les forêts.
L'ombre attendait ces échappées
Que nous faisons vers la clarté
Tous ensemble, en brisant les branches.

Les troncs qu'au repos l'on tatoue
Ne connaîtront pas nos couteaux.
« Si tu veux, ralentis un peu,
Et c'est tout. »

Quelqu'un sait-il où nous allons ?
Allons-nous délivrer la joie
Qui est en nous, que nous cachons
Comme un arbre cache ses racines ?

Ou bien suivrons-nous toujours cette voie ?

Le plus tôt en allé
C'est bien notre douceur et notre pauvreté.

Contents d'avoir trouvé dans la pluie et le vent
Une tiède maison où boire et reposer
Mes bruyants compagnons ont secoué leur capote
Et pour rêver ici, plus tard, de ce bonheur
Qui va les prendre pour toujours, ils crient très fort.

Leurs grands gestes font peur au grand froid du dehors.

Me souciant d'un ciel dévasté,
De la pluie qui va nous mouiller
Je vais pensant au grand bonheur
Qui nous saisirait si nous voulions.

Le devoir et l'inquiétude
Partagent ma vie rude.
(C'est une grande peine
De vous l'avouer.)

Ça sent la verdure à plein nez.
Sur plein ciel, en plein ciel, le vol des hirondelles
Nous amuse et nous fait rêver...
Je rêve d'un espoir tranquille.

Tout est divers comme ce que la nuit laisse voir :
Visages des gens et promesses de gloire.

Je ne peux rien faire, je ne peux rien voir.

Quand on est vieux, il ne faut plus sortir.
Il faut rester dans la chambre avec le feu,
Avec de chauds vêtements et le jour adouci
Chaque soir par la nuit et la clarté des lampes.

Quand on est vieux, il ne faut plus lire.
Les mots sont mauvais et pour d'autres vies.
Il faut rester, les yeux perdus, l'air résigné
Dans un coin, sans bouger.

Quand on est vieux, il ne faut plus parler,
Il ne faut plus dormir... Il faut se souvenir
Que les autres pensent sans cesse :
« Quand on a tout vu, on est misérable ;
Et quand on est vieux c'est qu'on a tout vu ! »

☆

Et passe et rage, fière,
Une vieille, tant mère

Qu'elle a tout consolé,
Tout contrôlé, volé

De ses yeux défunts
Comme un mauvais parfum.

Et passe et rage, fière,
Une vieille, une mère

Qui console avec soin
Et qui voit tout de loin.

Et passe et rage, fière,
Toute la pauvre mère.

Ces deux-là sont couchés côte à côte,
L'un dans un sens et l'autre dans l'autre.

Point de chanson : point de chanteurs.
Ils dorment bien et bien leur fasse !

Leur maman les veille, les yeux
Pleins de son malheur qu'elle garde

Précieusement, car les enfants
N'ont pas besoin d'être aussi grands

Que leurs parents.

Les filles folles, les filles folles, ohé! ohé!
Passent par ici chaque lundi.

Passent par ici chaque lundi
Pour voir le grand travail se faire.
Ohé! ohé!

Le sable aux nerfs usés
Ne crépite pas sous elles,

Car elles ne sont pas celles qui tentent.
Leur démarche est lasse et lente.

Elles sont folles! ohé! ohé!
Mais elles regardent bien

Le grand travail à faire.

Je mènerai mon enfant
Partout où je n'ai pas été.
Avec lui sur du marbre blanc,
Dans des palais d'Orient
Je rirai aux gens de couleur.

Et aussi sous le soleil clair
Qui éclaire toute la terre
Pour ceux qui n'ont jamais pu faire
Tout ce que j'ai fait,

Pour ceux qui n'ont pas vu
Tout ce que j'ai vu.

Le rire d'un autre

Je suis parti avec eux.

« Moi, j'affirme qu'ils ne savent ce qu'ils disent. »
Vous devez les voir comme ils sont, pas beaux,
pas grands. « Pas vrai », ajoute mon voisin.

Mais j'écoute attentivement, soigneusement. S'ils
fredonnent un chant, je fais attention de n'en point
perdre l'air « comme on perd ses billes, enfant ».

Vous qui lirez cela, défiez-vous de tout jugement.

Songez qu'ailleurs, tant d'hommes n'ont pas plus
de sons que les pièces de bronze dont on paie leur
misère.

PARIS SI GAI!

C'est la guerre! Rien n'est plus dur que la guerre
l'hiver!

Je suis très sale (chez nous on ne marche pas sur le

trottoir, ni dans la rue) mais quelle joie de venir ici se
prélasser !

La ville est toujours ardente. Au cinéma, les gosses
sifflent *la Dame aux Camélias*.

Et nous, nous demandons déjà à ceux qui traversent
la ville pour aller ailleurs s'ils cherchent des diamants
avec une charrue.

NOTRE MORT

I

On nous enseigne trop la patience, la prudence
— et que nous pouvons mourir.

Mourir, surpris par la plus furtive des lumières,
la mort brusque.

« Moi, dans la Belle au bois dormant! » railles-tu,
nous faisant rire.

II

Je connais tous les chants des oiseaux.

Nous avons crié gaiement : « Nous allons à la
guerre! » aux gens qui le savaient bien.

Et nous la connaissions !

Oh! le bruit terrible que mène la guerre parmi le monde et autour de nous! Oh! le bruit terrible de la guerre!

Cet obus qui fait la roue,

la mitrailleuse, comme une personne qui bégaie, et ce rat que tu assommes d'un coup de fusil!

PLUIE

« Le mal, c'est comme les enfants, sur terre on doit en avoir. » Tu dis cela tranquillement, tes deux yeux surveillant le soir.

Par ce temps qui délabre tout, as-tu donc un si grand souci que je ne vois rien de ta peine, que ton calme est presque méchant —

et que l'eau qui tombe entre nous tombe entre nous comme dans un trou?

CRÉPUSCULE

Ce n'est pas la nuit, c'est la lune. Le ciel, doux comme un bol de lait, te fait sourire, vieil amoureux.

Et tu me parles d'eux. Ils ornent ton esprit, ils ornent ta maison, ils ornent notre vie.

Mon ami, ils sont trop : père, mère, enfants, femme, à n'être pas heureux.

Pourtant, ton rêve est calme,
et je calcule trop.

AU BUT

La vie entièrement conquise, on pourrait s'en aller chez soi.

« Les blés sont bien mûrs et la plaine immense. »

Sûrs d'être heureux pour toujours, on n'aurait plus de soucis.

« Ma plaine est immense et j'y bois l'oubli. »

Le rêve viendrait, la nuit, en dormant dans un bon lit!...

« Mes yeux sont mouillés et le soleil danse. »

Poèmes pour la paix

(1918)

Monde ébloui, Monde étourdi.

I

Toutes les femmes heureuses ont
Retrouvé leur mari — il revient du soleil
Tant il apporte de chaleur.
Il rit et dit bonjour tout doucement
Avant d'embrasser sa merveille.

II

Splendide, la poitrine cambrée légèrement,
Sainte ma femme, tu es à moi bien mieux qu'au temps
Où avec lui, et lui, et lui, et lui, et lui,
Je tenais un fusil, un bidon — notre vie!

III

Tous les camarades du monde,
Ô! mes amis!
Ne valent pas à ma table ronde
Ma femme et mes enfants assis,
Ô! mes amis!

IV

Après le combat dans la foule,
Tu t'endormais dans la foule.
Maintenant, tu n'auras qu'un souffle près de toi,
Et ta femme partageant ta couche
T'inquiétera bien plus que les mille autres bouches.

V

Mon enfant est capricieux —
Tous ses caprices sont faits.
J'ai un bel enfant coquet
Qui me fait rire et rire.

VI

Travaille.
Travail de mes dix doigts et travail de ma tête,
Travail de Dieu, travail de bête,
Ma vie et notre espoir de tous les jours,
La nourriture et notre amour.
Travaille.

VII

Ma belle, il nous faut voir fleurir
La rose blanche de ton lait.
Ma belle, il faut vite être mère,
Fais un enfant à mon image...

VIII

J'ai eu longtemps un visage inutile,
Mais maintenant
J'ai un visage pour être aimé,
J'ai un visage pour être heureux.

IX

Il me faut une amoureuse,
Une vierge amoureuse,
Une vierge à la robe légère.

X

Je rêve de toutes les belles
Qui se promènent dans la nuit,
Très calmes,
Avec la lune qui voyage.

XI

Toute la fleur des fruits éclaire mon jardin,
Les arbres de beauté et les arbres fruitiers.
Et je travaille et je suis seul en mon jardin.
Et le Soleil brûle en feu sombre sur mes mains.

*Les animaux
et leurs hommes,
les hommes
et leurs animaux*

(1920)

PRÉFACE

Qu'une force honnête nous revienne.

Quelques poètes, quelques constructeurs qui vécurent jeunes nous l'avaient déjà enseigné.

Connaissons ce dont nous sommes capables.

La beauté ou la laideur ne nous paraissent pas nécessaires. Nous nous sommes toujours autrement souciés de la puissance ou de la grâce, de la douceur ou de la brutalité, de la simplicité ou du nombre.

La vanité qui pousse l'homme à déclarer ceci beau ou laid, et à prendre parti, est à la base de l'erreur raffinée de plusieurs époques littéraires, de leur exaltation sentimentale et du désordre qui en résulta.

Essayons, c'est difficile, de rester absolument purs. Nous nous apercevrons alors de tout ce qui nous lie.

Et le langage déplaisant qui suffit aux bavards, langage aussi mort que les couronnes à nos fronts semblables, réduisons-le, transformons-le en un langage charmant, véritable, de commun échange entre nous.

Pour moi, rien ne me semble meilleur signe de cette volonté que ce poème écrit depuis que je songe à cette page d'ouverture :

55

SALON

Amour des fantaisies permises,
Du soleil,
Des citrons,
Du mimosa léger.

Clarté des moyens employés :
Vitre claire,
Patience
Et vase à transpercer.

Du soleil, des citrons, du mimosa léger
Au fort de la fragilité
Du verre qui contient
Cet or en boules,
Cet or qui roule.

1919

Les animaux et leurs hommes

ANIMAL RIT

Le monde rit,
Le monde est heureux, content et joyeux.
La bouche s'ouvre, ouvre ses ailes et retombe.
Les bouches jeunes retombent,
Les bouches vieilles retombent.

Un animal rit aussi,
Étendant la joie de ses contorsions.
Dans tous les endroits de la terre
Le poil remue, la laine danse
Et les oiseaux perdent leurs plumes.

Un animal rit aussi
Et saute loin de lui-même.
Le monde rit,
Un animal rit aussi,
Un animal s'enfuit.

CHEVAL

Cheval seul, cheval perdu,
Malade de la pluie, vibrant d'insectes,
Cheval seul, vieux cheval.

Aux fêtes du galop,
Son élan serait vers la terre,
Il se tuerait.

Et, fidèle aux cailloux,
Cheval seul attend la nuit
Pour n'être pas obligé
De voir clair et de se sauver.

VACHE

On ne mène pas la vache
A la verdure rase et sèche,
A la verdure sans caresses.

L'herbe qui la reçoit
Doit être douce comme un fil de soie,
Un fil de soie doux comme un fil de lait.

Mère ignorée,
Pour les enfants, ce n'est pas le déjeuner,
Mais le lait sur l'herbe

L'herbe devant la vache,
L'enfant devant le lait.

PORC

Du soleil sur le dos, du soleil sur le ventre,
La tête grosse et immobile
Comme un canon,
Le porc travaille.

POULE

Hélas! ma sœur, bête bête,
Ce n'est pas à cause de ton chant,
De ton chant pour l'œuf,
Que l'homme te croit bonne.

POISSON

Les poissons, les nageurs, les bateaux
Transforment l'eau.
L'eau est douce et ne bouge
Que pour ce qui la touche.

Le poisson avance
Comme un doigt dans un gant,
Le nageur danse lentement
Et la voile respire.

Mais l'eau douce bouge
Pour ce qui la touche,
Pour le poisson, pour le nageur, pour le bateau
Qu'elle porte
Et qu'elle emporte.

OISEAU

Charmée... Oh! pauvre fille!
Les oiseaux mettent en désordre
Le soleil aveuglant du toit,
Les oiseaux jouent à remplacer
Le soleil plus léger que l'huile
Qui coule entre nous.

CHIEN

Chien chaud,
Tout entier dans la voix, dans les gestes
De ton maître,
Prends la vie comme le vent,
Avec ton nez.

Reste tranquille.

CHAT

Pour ne poser qu'un doigt dessus
Le chat est bien trop grosse bête.
Sa queue rejoint sa tête,
Il tourne dans ce cercle
Et se répond à la caresse.

Mais, la nuit, l'homme voit ses yeux
Dont la pâleur est le seul don.
Ils sont trop gros pour qu'il les cache
Et trop lourds pour le vent perdu du rêve.

Quand le chat danse
C'est pour isoler sa prison
Et quand il pense
C'est jusqu'aux murs de ses yeux.

ARAIGNÉE

Découverte dans un œuf,
L'araignée n'y entrera plus.

Les hommes et leurs animaux

MODÈLE

Les filets des arbres ont pris beaucoup d'oiseaux
Natures,
Les pattes des oiseaux ont pris les branches sûres
A leurs os.

HOMME UTILE

Tu ne peux plus travailler. Rêve,
Les yeux ouverts, les mains ouvertes
Dans le désert,
Dans le désert qui joue
Avec les animaux — les inutiles.

Après l'ordre, après le désordre,
Dans les champs plats, les forêts creuses,
Dans la mer lourde et claire,
Un animal passe — et ton rêve
Est bien le rêve du repos.

PLUMES

L'homme voudrait être sorti
D'un fouillis d'ailes.
Très haut, le vent coule en criant
Le long d'une aile.

Mais la mère n'était pas là
Quand le nid s'envola,
Mais le ciel battait de l'aile
Quand le nid s'envola.

Et, désespoir du sol,
L'homme est couché dans ses paroles,
Au long des branches mortes,
Dans des coquilles d'œufs.

CHIEN

Sonnettes, bras ballants, on ne vient pas jusqu'ici,
Sonnettes, portes ouvertes, rage de disparaître.
Tous les chiens s'ennuient
Quand le maître est parti.

CONDUIRE

La rue est bientôt là,
A la rue le cheval.

Plus beau que le corbeau
Il lui faut un chemin.

Fine jambe, léger héros
Qui suit son maître vers le repos.

La rue est bientôt là :
On y court, on y marche, on y trotte,
On s'y arrête.

MANGER

Si vous désirez la lourde chair,
Arrachez les bras, les mains et les doigts,
Déchirez les branches
Qui contenaient le ciel, l'espace.

Et vous tombez, c'est votre poids.

MOUILLÉ

La pierre rebondit sur l'eau,
La fumée n'y pénètre pas.
L'eau, telle une peau

Que nul ne peut blesser
Est caressée
Par l'homme et par le poisson.

Claquant comme corde d'arc,
Le poisson, quand l'homme l'attrape,
Meurt, ne pouvant avaler
Cette planète d'air et de lumière.

Et l'homme sombre au fond des eaux
Pour le poisson
Ou pour la solitude amère
De l'eau souple et toujours close.

PATTE

Le chat s'établit dans la nuit pour crier,
Dans l'air libre, dans la nuit, le chat crie.
Et, triste, à hauteur d'homme, l'homme entend son cri.

VACHE

Adieu!
Vaches plus précieuses
Que mille bouteilles de lait,

Précieuses aux jeunes qui se marient
Et dont la femme est jolie,

Précieuses aux vieux avec leur canne
Dont la richesse est chair, lait, terre,

Précieuses à qui veut bien vivre
De la nourriture ordinaire,
Adieu!

FUIR

L'araignée rapide,
Pieds et mains de la peur,
Est arrivée.

L'araignée,
Heureuse de son poids,
Reste immobile
Comme le plomb du fil à plomb.

Et quand elle repart,
Brisant tous les fils,
C'est la poursuite dans le vide
Qu'il faut imaginer,

Toute chose détruite.

POULE

Il faut que la poule ponde :
Poule avec ses fruits mûrs,
Poule avec notre grain.

Pour vivre ici

onze haï-kaïs

(1920)

1

A moitié petite,
La petite
Montée sur un banc.

2

Le vent
Hésitant
Roule une cigarette d'air.

3

Palissade peinte
Les arbres verts sont tout roses
Voilà ma saison.

4

Le cœur à ce qu'elle chante
Elle fait fondre la neige
La nourrice des oiseaux.

5

Paysage de paradis
Nul ne sait que je rougis
Au contact d'un homme, la nuit.

6

La muette parle
C'est l'imperfection de l'art
Ce langage obscur.

7

L'automobile est vraiment lancée
Quatre têtes de martyrs
Roulent sous les roues.

8

Roues des routes,
Roues fil à fil déliées,
Usées.

9

Ah! mille flammes, un feu, la lumière,
Une ombre!
Le soleil me suit.

10

Femme sans chanteur,
Vêtements noirs, maisons grises,
L'amour sort le soir.

11

Une plume donne au chapeau
Un air de légèreté
La cheminée fume.

Les nécessités de la vie
et les conséquences des rêves
précédé
d'*Exemples*
(1921)

L'erreur singulière de Victor Hugo, de Stéphane Mallarmé et de Mme Mathieu de Noailles nous peut donner à penser, plus loin, que les mots, loin qu'ils portent goût, odeur ou musique, le sens même ne leur est pas une propriété tellement assurée qu'il ne la laissent aller aussitôt que l'écrivain les néglige, ou les accueille sans brutalité d'esprit, ou bien encore ne tient pas compte de leurs veines, fil et sorte particulière de résistance. Pour les proverbes, exemples et autres mots à jamais marqués d'une première trouvaille, combien ce vide autour d'eux les fait plus absurdes et purs, pareillement difficiles à inventer, à maintenir. J'aime que Paul Éluard les reçoive tels, ou les recherche. Ensuite commencent ses poèmes.

Jean Paulhan.

Exemples

QUATRE GOSSES

Le gourmand dépouillé,
Gonflant ses joues,
Avalant une fleur,
Odorante peau intérieure.
Enfant sage,
Sifflet,
Bouche forcément rose,
Bouche légère sous la tête lourde,
Un à dix, dix à un.
L'orphelin,
Le sein qui le nourrit enveloppé de noir
Ne le lavera pas.
Sale
Comme une forêt de nuit d'hiver,
Mort,
Les belles dents, mais les beaux yeux immobiles,
Fixes!
Quelle mouche de sa vie
Est la mère des mouches de sa mort?

AUTRES GOSSES

Confidence :
« Petit enfant de mes cinq sens
Et de ma douceur. »
Berçons les amours,
Nous aurons des enfants sages.
Bien accompagnés,
Nous ne craindrons plus rien sur terre,
Bonheur, félicité, prudence,
Les amours
Et ce bond d'âge en âge,
Du rang d'enfant à celui de vieillard,
Ne nous réduira pas
(Confidence).

FÊTES

La valse est jolie,
Les grands élans du cœur le sont aussi.
Rues,
Une roue valsait éperdument.
Des roues, des robes, des chapeaux, des roses.
Arrosée,
La plante sera prête pour la fête à souhaiter.

MOURIR

Vérité noire,
Noire vérité.
On sort le mort et la maison recule.
La pierre est dure, le mort n'est pas en pierre,
(Vérité déjà vieille).

JONGLEUR

Chaleur.
Le jour des massues,
Le jour des épaules,
Du luxe.
Armes devant la vitre,
L'armure de cristal
Parée de feuillage,
Ombrage, plumage.
La force sépare l'homme de ce qu'il tient,
Ciel complaisant.
Bientôt les yeux n'auront plus besoin des mains
Il pourra saisir une échelle.
La tête au bord du fleuve,
Espoir d'un seul bouquet,
Désespoir.

PROMENADE

Habitude de marcher,
Habitude de courir,
Terre couverte et découverte,
Plus petite qu'un empire,
Bien étendue,
Mienne ici et là,
Ailleurs aussi,
Avec le geste pour rire
De cueillir
Les arbres et les promeneurs,
Leurs ombres et leurs cannes,
Le sol partout divisé.

PROMENEURS

Entourée,
La mère, toujours la même,
La plus utile,
L'habitante, la belle,
L'inévitable mère
Et le manteau de tous.
Les nuages, leur contraire
A terre,
Masses lourdes, masses légères.

La famille mouillée
Malgré les arbres mouillés
Au bord de l'eau.
Les bois ont leur lumière.
Ombre des douces,
Importance.
La forêt au-dedans
Et le ciel au-dehors, la lumière
A terre.

OUVRIER

Voir des planches dans les arbres,
Des chemins dans les montagnes,
Au bel âge, à l'âge de force,
Tisser du fer et pétrir de la pierre,
Embellir la nature,
La nature sans sa parure,
Travailler.

BOXEUR

Oh! Et le charme d'un poing énorme, agité,
Ballon d'assaut,
Cœur bien placé
(Le cœur bat à sa hauteur),
Sauteur
Et non de peur.

DORMEUR

Triste, il va mourir d'étrange façon,
Les yeux tomberont dans le sac des joues,
Lèvres aspirées, nez étroit,
Espoir : il dormira.
Les mains, les pieds balancés
Sur tant de mers, tant de planchers,
Un marin mort,
Il dormira.
Fouets accrochés, poches, goussets,
La chaise est plus lourde,
Le sol plus étroit,
Mais le sommeil ne compte en promenade.
Jeune mort, mort d'avenir.

DORMEUR

L'ombre du cœur vers le matin,
En hâte,
Au repos.
Rien n'enveloppe en son sommeil
Ce cœur plus gonflé que les vitres.
Ombre, nuit et sommeil.
Un cœur se débarrasse
De tout ce qu'il ignore.

NOCTAMBULE

Ciel écrasé sous l'ombre qui descend,
(Oubli-du-soleil),
Les morts sans éclat sont moins vite oubliés,
(Ciel-disparu).
Les yeux sont nécessaires.
Moins de ciel que de terre
Mais savoir où poser ses pieds,
(Montagne-à-grimper).
(Oubli-du-soleil)
Les paupières suffisent aux yeux,
(Nuit-disparue)
Et le sommeil connaît son lit.

LE CŒUR

Le cœur à ce qu'elle chante,
Elle fait fondre la neige,
La nourrice des oiseaux.

MODÈLE

Tant de lumières,
Tant de mains et tant de visages,
Tous ces jours parmi ces nuits,
Comme le ciel parmi les ailes
Des oiseaux!
Destinée.
L'homme, le seul, a tout trouvé.
Entrée.
Des horizons sont en scène.
Coulée.
Chute de la lumière sur un dôme éteint,
Un désert,
Une étoile de jour pour quelques jours seulement.

L'ART DE LA DANSE

Demande dans la salle : l'heure ou l'ordre.
Mais la danseuse aux pièces d'or, d'eau claire
Ne sait ni lire ni compter.

Aussi naïve qu'un miroir,
Elle n'a pas de toit,
RIEN QU'UN SOLEIL
Et l'ombre chaude sans les murs.

Galons d'or autour du corps,
Brillants crus,
Une fausse nue,
Les spectateurs ont oublié
Qu'elle est taillée pour danser.

L'ART DE LA DANSE

La pluie fragile, soutien des tuiles
En équilibre. Elle, la danseuse,
Ne parviendra jamais
A tomber, à sauter
Comme la pluie.

L'ART DE LA DANSE

Vitres bleues, herbes, la pluie, danseuse,
La danseuse imitait les danseuses,
Images plusieurs fois découpées.
Le caoutchouc tendu, le parapluie ouvert,
Les pieds mouillés, les cheveux frisés,
Elle est partout,
Elle voyage pour ne plus voyager,
Elle danse de tous les côtés,
Dans les mains de l'aveugle,
Dans le miroir-gigogne,
AU-CŒUR-AU-CŒUR
Et dans la terre de sa danse,
Magie-magie-magie.

SENSIBLE

Aux ombres débordant de la coupe trop pleine,
Aux toits par-dessus bord cachant les rues,
Aux arbres parmi les arbres
Montrer la perte d'une joie,
Une grimace usée jusqu'à la corde,
Face au sol.

SENSIBLE

La lumière creuse le ciel
Et les oiseaux ne peuvent disparaître.
Il croit aimer les oiseaux
Et forme tantôt un faisceau,
Tantôt un réseau de ses gestes en l'air.

MUSICIEN

Intelligence naïve
Au son des instruments
A musique,

A musique de lèvre nue,
Au bout de la terre connue
Et à l'autre bout

La tête perdue,
Les fines mains d'ici.

REFLETS

La terre, c'est la moitié de tout,
Enterré, c'est l'autre moitié,
Le surplace des étoiles,
Leur lendemain.

ROUES

Roues des routes,
Roues fil à fil déliées,
Usées.

IMBÉCILE HABITANT

Visage hors saison,
Visage, vitre et pierre,
Les murs de la maison me ressemblent comme
Un masque,
Ils sont fixés à ma chair.

Le soleil développe
Jeune et femme et du mur
De peinture immobile
Sortent des pierres.

Sur les pierres, de gauche à droite,
Un enfant est assis à côté d'un vieillard,
Un visage.

Au loin,
Ma mère
Danse comme une poussière.

AH!

Ah! Mille flammes, un feu, la lumière,
Une ombre!...
Le soleil me suit.

MAILLES

La rouge en bleue,
La bleue en rouge,

Gaîté,
L'eau versée
Les paupières l'entourent.
J'ai ouvert les yeux, respiré,
Soif-gaîté.

BEAU

Beau avec bonheur,
Laid avec malheur,
Visible pour les aveugles.

SÉDUIRE

L'adoration des regards
Séduit les yeux qui voient mal ce qu'ils voient.
Rougissante,
Les yeux auront du plaisir sur ses joues
Et qu'ils en prennent pour toujours.

Qui la voit vierge et la sait vierge,
Vierge en satin,
Connaît aussi, sous ses paupières couronnées,
La joie veilleuse.

Car la honte, toujours avoir honte,
Non,
Mais ouvrir une maison
Et montrer son bon visage,
Celui-là.

SÉDUCTION

Le cœur est une image,
Le cœur est un moyen.

« ... A l'allure distinguée. »

Et reprenons :
Fille aimable,
Écarquillant les doigts,
Tu attendais.

Le baiser s'est posé là,
Un bon baiser satisfait,
De haute antiquité
Mélange de serpents.

« ... A l'allure distinguée. »
S'en va.

TOUT SÉDUIT

Acrobate des plates,
Amoureux des filles à l'étroit,
Il jette sa main et son bras sur toi,
Bas,
Légère à prendre
Mais lourde à garder.

UNE

Une tristesse de mauvais temps, les ébats bondissants de la fumée et du vent, un ciel gris prêt à la pluie, on dit que la musique perd le sentiment.

Cette douce
Cette belle,
Assise de couleurs,
Tranquille
Et, surveillant le ciel,
Négligeant la chaleur.

COURIR

Cette bouche dure, sans larmes,
Choisit les femmes
Et les yeux de couleur
Apprécient
Toujours un peu plus de chair.

Choisir ou tourner la tête.

Ce sourire de tête
Ajoute la chair à la chair,
La bonne chair à la meilleure.

Apprécier, pour l'orgueil de choisir.

Et besogne toute faite :
Réussir.

CANTIQUE

L'enfant regarde la nuit de haut,
(Ne croyez pas aux avions, aux oiseaux,
Il est plus haut).
Si l'enfant meurt, la nuit prendra sa place.

IMAGE

Les gros animaux meurent
Et les petits s'en vont.
Animaux invisibles
Entre la terre et l'homme.

ENTRER, SORTIR

La rue s'arrête ici et repart, l'inconnue.
La porte supprime la rue.
Marche sur marche,
Pierres tirées de bas en haut,
Que toute surface soit calme,
Que toute ligne se rejoigne.

Avenir. La main n'oublie pas
Ce que les yeux ont inventé.
Tête vide,
Tête parfaite.

Pierres! Ce qui est enterré ressuscite,
Ce qui est couché, fondu, se lève, se limite.
Avenir. Tête fermée,
Tête ancienne,
Ancienne.

ENFERMÉ, SEUL

Chanson complète,
La table à voir, la chaise pour s'asseoir.
Et l'air à respirer.
Se reposer,
Idée inévitable,
Chanson complète.

L'HEURE

Arbre vert,
Arbre en terre,
Terre.
A midi
Si le ciel est dans l'arbre
Le courage est en terre...

Du soleil aux doigts
(L'eau fine dans le vent)
Oublier tout travail qui descend.

Mais le maître est dur comme un vol de pierres.
Pommier aigre, des trous pour les pleurs
de la terre,
L'œil et le cœur qui baigneront ces fleurs
Ont perdu leur saveur.

AIR NOIR

La ville cousue de fil blanc,
Les toits portant cheminées,
Le ciel parallèle aux rues,
Les rues,
La fumée sur les trottoirs,
TROUVAILLE.

Des pas les uns vers les autres,
Le soleil ou la lumière,
Souvenirs de ville,
L'HEURE A L'HEURE,

Du matin, de midi au soir,

Façades et boutiques,
Des lumières pliées dans des vitres,
VEILLER,

Ailleurs,
La nuit enfermée dans la nuit,
Les chiens aboyant à la nuit des chats,
LA FATIGUE.

VIEILLIR

Ombre de neige,
Cœur blanc, sang pauvre, cœur d'enfant.
Le jour.
Il y a toujours le jour du soleil et le jour des
nuages.
Le ciel, bras ouverts, bon accueil
Au ciel.

BERGER

L'animal comme la lampe
Un peu plus que l'allumette.
Qui le guide? Et son bâton,
Borne-barrière,
Est-il plus sûr?

FINS

Les hommes seuls, les maisons vides.
Il n'y a pas d'abandon.
Simple, trop simple et vieux, trop vieux
Pour être heureux.
Depuis sa fondation,
Rien ne reste dans la maison.

Les nécessités de la vie
et les conséquences des rêves

LES NÉCESSITÉS DE LA VIE

VRAI

Huit heures, place du Châtelet, dans ce café où les chaises ne sont pas encore rangées, où la vaisselle opaque s'étale dans tous les coins.

Je ne saurai jamais si je dors bien. Plus la pluie est fine, plus le monde est loin. Et il faudrait attendre, il faudrait descendre pour retrouver le soir sec, pour retrouver cent lumières au moins aux voitures fortes et justes, aux cloches des champs et, ni dans l'air, ni dans l'eau, tous les gracieux sillages des bonnes santés obscures. A la bonne heure, on n'abuse pas de la vie ici!

LES AUTRES

Parpagnier?... Parpagnier?... C'est mon meilleur ami. Je l'admire et j'admire ceux qui lui ressemblent.

Mais il meurt, nul ne lui ressemble plus et je l'admire toujours.

Ce n'est pas l'hiver. Les déserts changent leur lumière et me couvrent la face. Le bel inconnu, le bel inconnu. Le ciel vient et me regarde dans les yeux charmeurs de serpents charmeurs de danseuses.

LES FLEURS

J'ai quinze ans, je me prends par la main. Conviction d'être jeune avec les avantages d'être très caressant.

Je n'ai pas quinze ans. Du temps passé, un incomparable silence est né. Je rêve de ce beau, de ce joli monde de perles et d'herbes volées.

Je suis dans tous mes états. Ne me prenez pas, laissez-moi.

*

Mes yeux et la fatigue doivent avoir la couleur de mes mains. Quelle grimace au soleil, mère Confiance, pour n'obtenir que la pluie.

Je t'assure qu'il y a aussi clair que cette histoire d'amour : si je meurs, je ne te connais plus.

DÉFINITIONS

Boire du vin rouge dans des verres bleus et de l'huile de ricin dans de l'eau-de-vie allemande, horizon lointain.

*

Un homme vivant monté sur un cheval vivant rencontre une femme vivante tenant en laisse un chien vivant.

*

Une robe noire ou une robe blanche? Des grands souliers ou des petits?

*

Regarde. Là, en face, celui qui travaille gagne de l'argent.

J'ai lu que « vieux malade honteux », que « fortune coquette à Paris » et que « cet éventail de belles arêtes ».

*

Flamme éteinte, ta vieillesse c'est fumée éteinte.

*

Je n'aime pas la musique, tout ce piano me prend tout ce que j'aime.

LA PARESSE

J'ai jeté ma lampe dans le jardin pour qu'il voie clair et je me suis couché. Le bruit remuait tout au-dehors. Mes oreilles dorment. La lumière frappe à ma porte.

CONSÉQUENCES DES RÊVES

Le château faisait le tour de la ville. Au fond, les habitants s'aimaient bien. En haine nécessaire et périodique, ils ne se passaient l'épée qu'autour du corps.

LA VIE , grand-père, père et fils, trois hommes, d'évidence en évidence en évidence.

Ombres sans ombres. Le soleil commença sa promenade dans la place. Des plantes et des fidèles accompagnaient son chant. Des nuages sur la tête et les pieds dans la poussière, grandirait-il?

Nous, nous étions à l'ombre des anges, l'amour ancien.

LES CONSÉQUENCES DES RÊVES

Il nous a créés, nous, pour les ténèbres, et, pour vous, le jour vaut la nuit et la nuit le jour.

Faust, de GŒTHE.

QUELQUES POÈTES SONT SORTIS

à Philippe Soupault.

Comme autrefois, d'une carrière abandonnée, comme un homme triste, le brouillard, sensible et têtu comme un homme fort et triste, tombe dans la rue, épargne les maisons et nargue les rencontres.

Dix, cent, mille crient pour un ou plusieurs chanteurs silencieux. Chant de l'arbre et de l'oiseau, la jolie fable, le soutien.

Une émotion naît, légère comme le poil. Le brouillard donne sa place au soleil et qui l'admire? dépouillé comme un arbre de toutes ses feuilles, de toute son ombre? Ô souvenir! Ceux qui criaient.

SI VOUS ÊTES NÉ EN AUTOMNE

Bras nus d'homme chauve, le menton ce petit vieux et les yeux, vieil espoir des amoureux, il durera jusqu'à cent ans avec toutes les ficelles des sens.

EN TROIS MOTS LANGAGE CLAIR

Ton grave : oui, madame. D'un œil : il est né le 27 juin. Flûté : oui, madame, oui, madame, oui, madame. Sous l'aile épaisse de votre langue, les mots les plus innocents gardent leur sens. Je ne vous donnerai pas mes vierges. Elles sont toute ma fortune. Il n'est pas question d'existence impossible. Étalez-vous.

Avec un peu d'eau comme une étoile dans la main. La direction, les méandres, les écarts, l'inévitable labyrinthe, puisqu'il le faut, je vous conduis au sommet des cieux, des vœux, des bras tendus vers Dieu, je vous montre ce qui nous soutient, comme une jambe, aussi puissante qu'un litre d'alcool. Regardons-nous.

Ce que je vous raconte, petits enfants d'âge, a pour bornes vos yeux, vos dents, vos mains, votre nez et vos pieds. Oui, madame.

RENDEZ-VOUS. N'IMPORTE OÙ

à T. Fraenkel.

Il y a tant de belles choses que je sacrifie, par
exemple :
l'intelligence merveilleuse des femmes aux yeux
   cernés,
l'*espoir du miracle* des photographes, le froid quand
   vient l'été,
je plaisante,
je plaisante.
(L'orateur commença par déclarer qu'il n'avait
   absolument rien à dire.)

PUBLIC

Fils de nourrice, enfant de course, enfant intelligent,
   femme du monde inconnu, ma belle enfant, tu
glisses (fleur fanée, péché mortel),
   petite ? dans l'herbe morte, chaleur morte,
   fils soumis, une fois le bambin, les jeux, l'indécence,
je joue du viel ami, je joue du monologue, je joue
du paysan.

CHEZ SOI

La porte légère. Le voleur a tout pris. Il ne faut pas mourir. Il n'y aurait dans la maison que la porte légère ouverte. Ici ou au bout de la rue, la lumière est la même, moi aussi.

SEUL, L'UNIQUE

Règne rose, bonds légers, tirer des herbes parfumées de ce qui m'entoure, règne rose plaine rose règne. J'achète très cher l'invisible richesse. La lumière s'est levée avec le rideau. Tous les jours : matinée. La lumière, aussitôt : ce qui ne se dit plus : qu'une femme est nue, car les femmes, avant les hommes, sont transparentes. Qui ne les voit plus ? La lumière, la seule reine qui comprenne la plaisanterie. Il n'y en a pas dix, ni deux, ni trois, il n'y en a qu'une pour dire si bien qu'il n'y a rien à dire.

S'ILS N'ÉTAIENT PAS TOUJOURS MORTS

Ceux qui meurent sont légers, ils s'étendent et ne peuvent plus tomber. Pour dire qu'ils sont comme le vent du nuage...

Fleurs d'avril, fleurs de mai, fleurs de juin, fleurs de juillet, fleurs d'août, fleurs de septembre, elles s'attendent dans le jardin, poudre de fleurs, les yeux dans une absence de sang, quel bonheur!

Ombres creuses, ombres vides, ombres transparentes, ombres de l'imagination, au lieu des dix doigts tenant dix ailes de plumes pour toujours.

AMI? NON ou POÈME-ÉLUARD

à Jean Paulhan.

Notre réunion est aussi pure que les verres de la
    table avant le repas.
Nous sommes nombreux.
Nous ne chantons pas, nous ne rions pas, nous ne
    pleurons pas.
Nous parlons peu.

Nous ne faisons des gestes qu'en rêve,
Nos yeux sont noirs chez l'un, bleus chez l'autre,
  gris chez moi,
Mais il est nécessaire,
Nécessaire que nous ne nous connaissions pas.

SANS MUSIQUE

Les muets sont des menteurs, parle.
Je suis vraiment en colère de parler seul
Et ma parole
Éveille des erreurs,

Mon petit cœur.

JOUR DE TOUT

Empanaché plat, compagnie et compagnie a la
parole facile, tout à dire. Peur plus tiède que le soleil.
Il est pâle et sans défauts. Compagnie et compagnie
s'est habitué à la lumière.

Est-ce avoir l'air musicien que d'avoir l'air des villes ? Il parle, roses des mots ignorés de la plume.

Et je me dresse devant lui, comme le mât d'une tente et je suis au sommet du mât, colombe.

L'ESPACE

L'humble église que j'apprécie à sa valeur, personne, le chanteur se fait apprécier de la façon la plus flatteuse.

Les plus difficiles sont morts. Ce fléau règne encore. Des milliers et des milliers ont vécu ici, à la porte — et des artistes — du glorieux édifice.

LE GRAND JOUR

à Gala Éluard.

Viens, monte. Bientôt les plumes les plus légères, scaphandrier de l'air, te tiendront par le cou.

La terre ne porte que le nécessaire et tes oiseaux de

belle espèce, sourire. Aux lieux de ta tristesse, comme une ombre derrière l'amour, le paysage couvre tout.

Viens vite, cours. Et ton corps va plus vite que tes pensées, mais rien, entends-tu? rien, ne peut te dépasser.

FORCE

Ses mains, ce sont ses mains, branches sans feuilles ou racines d'un ciel lourd et des fleurs des autres pays, aussi claires que le joli froid.

CETTE QUESTION

Tu m'as fait peur. J'en ai soudain le corps sans os. Où sommes-nous, mes mains fortes? Nous ne connaissions qu'une chanson.

MALICE

On dit que la robe des robes partout se pose et se repose, que la toilette est aux yeux du dimanche, que le repos suit la pente des bras.

Toilette fine pour visites, propreté chez les autres, robe de tenue droite avec un paquet.

Robe mise, porte ouverte ; robe ôtée, porte fermée.

LES NOMS : CHÉRI-BIBI, GASTON LEROUX

Il a dû bien souffrir avec ces oiseaux ! Il a pris le goût des animaux, faudra-t-il le manger ? Mais il gagne son temps et roule vers le paradis. C'est BOUCHE-DE-CŒUR qui tient la roue et non CHÉRI-BIBI. On le nomme aussi MAMAN, par erreur.

BAIGNEUSE DU CLAIR AU SOMBRE

à Julien Vocance.

L'après-midi du même jour. Légère, tu bouges et, légers, le sable et la mer bougent.

Nous admirons l'ordre des choses, l'ordre des

pierres, l'ordre des clartés, l'ordre des heures. Mais cette ombre qui disparaît et cet élément douloureux, qui disparaît.

Le soir, la noblesse fait partie de ce ciel. Ici, tout se blottit dans un feu qui s'éteint.

Le soir. La mer n'a plus de lumières et, comme aux temps anciens, tu pourrais dormir dans la mer.

CACHÉE

Le jardinage est la passion, belle bête de jardinier. Sous les branches, sa tête semblait couverte de pattes légères d'oiseaux. A un fils qui voit dans les arbres.

L'HÉROÏNE

à Marie Laurencin.

Toujours moins forte de ceux qui l'entourent, elle pleure à tout perdre et elle oublie que le désespoir l'amuse.

Maintenant. Quelle fourrure est plus belle qu'une belle chevelure? Pourtant, elle garde la bête sur son visage.

Et ne sourit pas n'importe où.

COMÉDIENNE

à André Breton et Philippe Soupault.

Porte-malheur d'avoir brisé le miroir de tristesse aux nombreux personnages, aventure de ne plus déplaire. Plaire, est-il besoin de garder ce visage?

De ses rides debout près de sa bouche assise, elle couvre l'étendue de son malheur. Un autre jour, elle choisirait cet autre, cet autre près d'elle. Est-il besoin de garder ce malheur qui ne déborde pas et ce chagrin plus lourd que les deux mains?

L'INÉVITABLE

La maison, abri des autres maisons, ces maisons cachées autour des enfants à la promenade.

La route est certainement plus claire qu'elle ne le devrait et je m'assieds plus bas que les cailloux trop durs, sur un tissu d'armes longues aussi molles qu'un mur de plume... Sur l'eau libre et mouvante dont l'iris fond ou s'entoure d'ailes.

Par un soir d'été.

BERCEUSE

à Cécile Éluard.

Fille et mère et mère et fille et fille et mère et mère et fille et fille et mère et mère et fille et fille et mère et mère et mère et fille et fille et fille et mère.

LE JOUEUR

à Louis Aragon.

Je plie d'abord mes mains, je réfléchis, je te donne mes mains, je réfléchis, je te donne un trésor qui peut brûler, je le laisse brûler. Nous nous aimons, j'en suis sûr et je n'en ai aucun souci, je réfléchis.

LE ROI

Lourd de tête, gros et grand de cette heure à l'heure des autres, de sa mort à la mort des autres, de la tête aux pieds.

L'ARGYL'ARDEUR

Le temps ne passe pas. Il n'y a pas : longtemps, le temps ne passe plus. Et tous les lions que je représente sont vivants, légers et immobiles.

Martyr, je vis à la façon des agneaux égorgés.

Ils sont entrés par les quatre fenêtres de la croix. Ce qu'ils voient, ce n'est pas la raison d'être du jour.

L'AUBE

à Tristan Tzara.

L'aube tombée comme une douche. Les coins de la salle sont loin et solides. Plan blanc. Aller et retour sans mélange, dans l'ordre. Dehors, dans un passage aux enfants sales, aux sacs vides et qui en dit long, Paris par Paris, je découvre. L'argent, la route, le voyage aux yeux rouges, au crâne lumineux. Le jour existe pour que j'apprenne à vivre, le temps. Façons-erreurs. Grand agir deviendra nu miel malade, mal jeu déjà sirop, tête noyée, lassitude.

Pensée au petit bonheur, vieille fleur de deuil, sans odeur, je te tiens dans mes deux mains. Ma tête a la forme d'une pensée.

PREMIER TOURMENT

Les femmes grosses ne sont pas seulement celles que vous imaginez fragiles, tout objet fragile est automatique et maigre. Maigre et gros se prononcent bien, une femme malheureuse pour finir, une seule femme sans suite, une femme heureuse.

VRAI

Si son cœur ne l'endort pas, il tendra des pièges. Invisibles dessins du matin, d'une araignée du matin qui s'endort.

DERNIER TOURMENT

Dans sa cage, millette et billette et trillette, l'oiseau toute la journée mange et chante. Miroir et beauté. La terre est sous la cage. Graines en fuite : marguerites. Des heures, un chant sans plumes, presque des ronces d'os.

UN AMI

Évidemment, s'il est monté sur la table, il a du mérite, il a du mérite à réparer l'horloge... Mais il la brise.

Trois heures... Il attend. Il a peur. Il n'a pas encore vu son enfant. Si, parfois, oui.

Trois heures. Musique de rien, presque tout le bruit.

Quatre heures... Il arrive, il ouvre la porte, il entre :

Un beau soleil qui n'est pas fleur et ne le deviendra pas, le reçoit.

Cinq heures.

JULOT

L'invité de Charlot — Charlot lui susurre, du bout des pieds, que la beauté est plutôt nuisible. Un gros homme, aux joues rondes. Personnage : Monsieur Douleur-aux-joues-rondes. Il siffle comme tous les trains. Il porte des bijoux et redoute certains gestes redoutables aux bijoux. Il ne sait pas que la parure ajoute le ridicule à la laideur. Il compte beaucoup sur les talents qui font vivre les orgueilleux : la nature les persuade qu'ils doivent avoir des métiers exceptionnels et ils ignorent tout ce que connaît Charlot. Julot oublie Charlot oublie Julot oublie Charlot oublie Julot, etc.

AMOUR

à Georges Ribemont-Dessaignes.

Tout doucement, il s'est couché sur le trottoir plat,
Le trottoir part à toute vitesse.
Il s'est assis par terre
Et son siège s'envole.
Il n'espère plus de repos que sur la tête de ses enfants,
Il les attend patiemment.

DÉFINITION

à Jacques Rigaut.

La plus belle, sans idées, celle d'aujourd'hui rêve d'une autre. Fortune d'un rêve et d'un autre rêve par le sommeil d'un cœur à l'amour à plusieurs. Sur-le-champ, ils sont tous là.

UN MOT DUR. — N° 58

à Francis Picabia.

Les petites rues sont des couteaux.

Tous les poètes savent dessiner.

> — Le bureau de poste est en face.
> — Que voulez-vous que ça me fasse?
> — Pardon je vous voyais une lettre à la main. Je croyais...
> — Il ne s'agit pas de croire, mais de savoir.

Le plancher des poissons.

S'asseoir à l'aube, coucher ailleurs.

MONTRE AVEC DÉCORS

à René Bertrand.

I

Juges dont l'œil dix doigts accuse,
Dans la lumière en bonne santé
Un arbre où il y a des fruits à l'endroit et des
voleurs à l'envers.
A son âge.
Une tache s'ouvre à l'imagination.
Quel crime a commis sa mère?

II

Puis les pinceaux peignent une prison sur son
corps, sur le cœur,
Une grille bien transparente.
Il est soudain aussi fleuri qu'une poupée
déshabillée.
ÉVASION POUR DÉPLAIRE.

III

Biais d'abord, comme à la nage.
Il se partage la rue,
Mais les maisons n'ont plus ni portes ni fenêtres,
Les habitants s'ennuient
Et COMIQUE s'inscrit sur le pain et la viande.

Le moteur joue et perd des secondes.
Piste noire, joues rondes,
Les promeneurs peuvent user les promenades,
Long rail dans la nuit rouler,
Le domaine est ici.
Ce n'est pas du domaine de l'évasion.
« J'AI TRAVERSÉ LA VIE D'UN SEUL COUP. »

PLIS

Régulier comme
Mon plaisir
Comme un gourmand
Mon plaisir
Le train mince
Mon plaisir
M'a pris où
Mon plaisir
Les lois les lois
Mon plaisir
Ou d'autres lois
Mon plaisir
Ou la poudre
Mon plaisir
Légère sans limites
Mon plaisir
Tout m'est égal.

FAITES PARLER

Les brises se séparent et, fruits de ta faiblesse, les oiseaux se séparent. Un grand nuage blanc s'est abattu sur toi. Tu vis dans la fumée sans la voir. Mais tu pourrais être en verre, au soleil, et l'ignorer.

L'AMI

à René Hilsum.

La photographie : un groupe.
Si le soleil passait,
Si tu bouges.

Fards. A l'intérieur, blanche et vernie,
Dans le tunnel.
« Au temps des étincelles
On débouchait la lumière. »
Plus tard.

Postérité, mentalité des gens.
La bien belle peinture.
L'épreuve, s'entendre.
L'espoir des cantharides
Est un bien bel espoir.

MEILLEUR

Boules creuses, boules de verre,
On ne voit rien au travers
Qu'une tête ramassée,
Ô! boules lumineuses!
Roulant de ciel en ciel
Avec ma tête heureuse.

MEILLEUR JOUR

Blanche éteinte des souvenirs,
Dressée sur des fleurs avec les fleurs,
Dressée sur des pierres avec les pierres,
Perdue dans un verre sombre,
Étalée, étoilée avec ses larmes qui fuient.

Appréciation : Rayonner de « rayonner » comme aimer
d' « aimer ».

SIMPLES REMARQUES

à André Breton.

Les jardins de la rue
sont fermés, les Chutes
de soleil sont condam-
nées,

L'habit de la grande
famille fait peur à
l'homme trop petit pour
l'endosser,

Une bouteille de vin,
Un verre d'eau,
Deux paires de lunettes,
Une douzaine de chemises,
Beaucoup de peine,
Un peu de beurre.

mais je marie demain
l'ombre de mes pieds à
celle de mon père.

mais les lampes bleues
d'un ciel de juillet sont
les filles de mes filles.

PLUSIEURS ENFANTS FONT UN VIEILLARD
et la satisfaction d'un vieillard

je me promènerai + je me promène +
je me promenais + je me suis promené
Je vis
J'ai vécu comme toi

125

DÉCLARATION*

POIDS PUBLIC, rencontre d'un homme et d'un homme, d'une femme et d'un homme.

Les voyous inspirateurs sont ailleurs.

Ils ont abandonné un homme, encore ne tient-il qu'à un fil.

Au point de vue santé : absent, sur l'oreiller creux : présent, dans la maison : paresseux et dans la rue : perdu pour tout le monde,

POUR L'OR DES RUES,

POUR les regards en l'air POUR ce qui n'existe plus.

* Toutes les variétés du mot *intérêt*, si agréables ou désagréables qu'elles soient, naissent en même temps.

Le mien,

Gala, c'est dire qu'il est à toi.

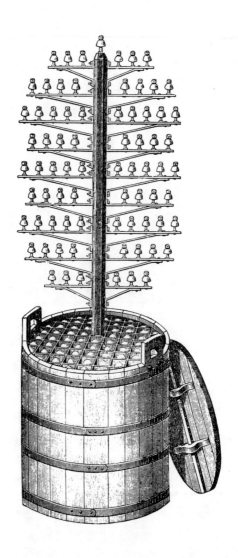

Les malheurs des immortels
révélés par Paul Éluard et Max Ernst

(1922)

LES CISEAUX ET LEUR PÈRE

Le petit est malade, le petit va mourir. Lui qui nous a donné la vue, qui a enfermé les obscurités dans les forêts de sapins, qui séchait les rues après l'orage. Il avait, il avait un estomac complaisant, il portait le plus doux climat dans ses os et faisait l'amour avec les clochers.

Le petit est malade, le petit va mourir. Il tient maintenant le monde par un bout et l'oiseau par les plumes que la nuit lui rapporte. On lui mettra une grande robe, une robe sur moyen panier, fond d'or, brodée avec l'or de couleur, une mentonnière avec des glands de bienveillance et des confettis dans les cheveux. Les nuages annoncent qu'il n'en a plus que pour deux heures. A la fenêtre, une aiguille à l'air enregistre les tremblements et les écarts de son agonie. Dans leurs cachettes de dentelle sucrée, les pyramides se font de grandes révérences et les chiens se cachent dans les rébus — les majestés n'aiment pas qu'on les voie pleurer. Et le paratonnerre ? Où est monseigneur le paratonnerre ?

Il était bon. Il était doux. Il n'a jamais fouetté le vent, ni écrasé la boue sans nécessité. Il ne s'est jamais enfermé dans une inondation. Il va mourir. Ce n'est donc rien du tout d'être petit ?

RÉVEIL OFFICIEL DU SERIN

L'application des serins à l'étude n'a pas de mesures. Un bruit de pas n'étouffe pas leur chant, un claquement de doigts n'empêche pas leurs prières de retentir dans le passé. Si des voleurs se présentent, les terribles musiciens montrent un sourire aimable enfermé dans une cage pleine de fumée. S'il s'agit de reconnaître la voix d'un bienfaiteur, leur ventre affamé n'a pas plus d'oreilles pour les canons du mont Thabor que pour la victoire d'Aboukir.

Ils ne se penchent pas au-dehors. La nuit, le tonnerre est allumé et placé auprès de leur cage. Dans la campagne, le blé, docile à la loi de la pesanteur, compte ses graines, les arbres prennent l'habitude de leurs feuilles, le vent à la gorge trouée tourne et tombe.

Certes, les serins sont maîtres chez eux.

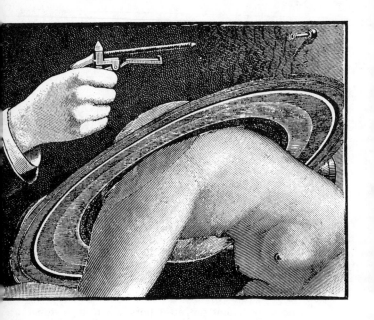

MON PETIT MONT BLANC

La petite personne noire a froid. A peine si trois lumières bougent encore, à peine si les planètes, malgré leur voilure complète, avancent en flottant : depuis trois heures il n'y a plus de vent, depuis trois heures la gravitation a cessé d'exister. Dans les tourbières, les herbes noires sont menacées par le prestidigitateur et restent en terre avec les chauves et la douceur de leur chair que le jour commence à broder de nuages amers.

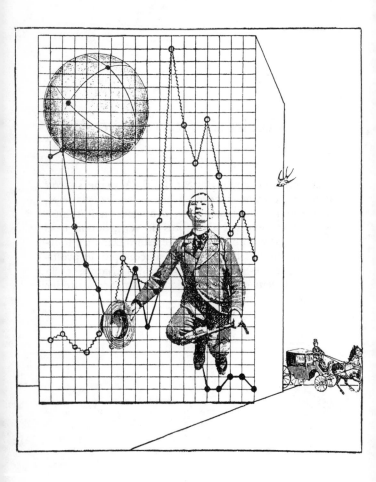

L'AVEUGLE PRÉDESTINÉ
TOURNE LE DOS AUX PASSANTS

Une mouche sur sa main. Le soleil, pour l'empêcher de s'envoler, plante des aiguilles autour d'elle. Le soleil attire les hirondelles atteintes de ces affreuses maladies de peau qui défigurent les jours d'orage. Elles sortent de l'eau pour se promener dans les champs. La rivière n'est pas encombrée et elles avaient le temps d'arriver. Mais il faut qu'elles aillent chercher toutes les croix oubliées.

Ses pieds exhalent le parfum des lézards. Il fera par conséquent un mariage avantageux, un mariage de bonnes intentions.

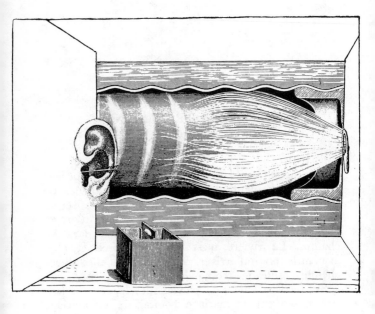

LE NETTOYAGE DES CARREAUX
N'ENTRAÎNE PAS FORCÉMENT
LA PROPRETÉ EN AMOUR

Un prêtre de taille moyenne a enfermé sa jeune et jolie femme au solide bon sens dans un lieu discret pour se soustraire aux discussions interminables qui ralentissaient leur coït familier. Caché dans les lilas, le père de l'héroïne arrondit les joies enfantines de la petite bonne impénitente.

On entend chanter au loin la louange de la prisonnière couverte en tuiles qui garde devant elle des souvenirs curieusement perfectionnés.

RENCONTRE DE DEUX SOURIRES

Dans le royaume des coiffeurs, les heureux ne perdent pas tout leur temps à être mariés. Au-delà de la coquetterie des guéridons, les pattes des canards abrègent les cris d'appel des dames blanches. Dans la manche du violon, vous trouverez les cris des grillons. Dans la manche du manchot, vous trouverez le philtre pour se faire tuer. Vous serez étonnés de retrouver la splendeur de vos miroirs dans les ongles des aigles. Regardez ces petits serpents canonisés qui, à la veille de leur premier bal, lancent du sperme avec leurs seins. La richesse a tellement troublé leurs ambitions qu'ils posent des énigmes éternelles aux antiquaires qui passent. Écoutez les soupirs de ces femmes coiffées en papillon.

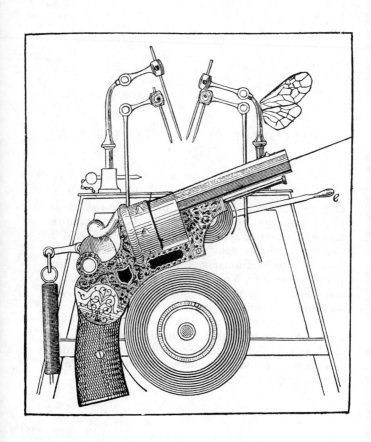

LE FAGOT HARMONIEUX

L'étincelle qui amène les moustiques aux sports ne décore plus la boutonnière des agriculteurs des Alpes et du Caucase. Les fils d'une grande bobine multicolore ralentissaient le jeu des balles et cachaient le but. Par bonheur, car l'éclat des armes faisait baisser les yeux aux duellistes. Le mépris du public les enivrait de modestie. Mais on ne peut pas être ivre toute sa vie.

LES DEUX TOUT

Par un froid de papier, les écoliers du vide rougissent à travers les vitres. Un grand rideau sur la façade se gonfle de petits monstres.

L'ébéniste est représenté jusqu'aux genoux. Enfermé dans son prototype jusqu'en été, il fait tomber tout doucement son fils dormeur aux yeux galonnés d'or. Si l'on impose sur ses épaules la détestable armée des quilles mortes, les poissons s'en vont pour accrocher leurs barbes mouillées au plafond de la mer.

La lenteur de ses gestes lui donne toutes les illusions. Dépouillé de ses habits de verre bleu et de ses moustaches incassables, un demi-scrupule l'empêche de dormir sous la neige qui commence à tomber.

Son amour vu d'en bas avec l'idéal de la perspective, il part demain.

A LA RECHERCHE DE L'INNOCENCE

Dans l'atmosphère transparente des montagnes une étoile sur dix est transparente. Car les Esquimaux ne réussissent pas à enterrer la lumière dans leurs glaciers abominables.

Un moment d'oubli, la lumière se retourne et fixe avec soin les tendres baisers d'une mère modèle. Les tourterelles en profitent pour enfoncer la lune et la douleur dans les arbustes fragiles.

Silencieux, le cher ange supporte la prudence des phrases édentées. Il fond tout doucement, première aurore.

L'HEURE DE SE TAIRE

Près de la lèvre vue dans l'eau, la coquette défrisée promène la lampe dans ses yeux dodus comme des amours. Elle aime à montrer sa faculté de sourire à surface miroitante. Elle étend ses doigts peau d'amazone à la force des bras. Elle étend la mâture de ses seins au pied des ruines et s'endort au crépuscule de ses ongles rongés par des plantes grimpantes.

CONSEILS D'AMI

Ramassez sous les chênes les taches de rousseur et les grains de beauté,

suivez en barque les troupeaux des jours d'éclipse,

contemplez avec des cailloux dans les yeux l'immobilité des mannequins tout puissants,

divisez en dansant le claquement des fouets,

voyez les femmes, à quarante ans, elles laissent leur cœur dans le tronc des pauvres et remplacent les légumes par des attitudes classiques.

LA PUDEUR BIEN EN VUE

Deux vieillards se reposent sur leur cœur, dans leur nichée balançoire accrochée au désert et ses délices.

Deux vieillards coiffés comme des petits anges, l'un en chemise blanche et battant des ailes, c'est celui-là qui dort, sa tête appuyée sur la jambe de l'autre.

L'autre, nu et les pieds en l'air, tout rouge, distributeur de couleurs, sourit malgré son affreuse position. Les différences nocturnes lui ont vite fait fermer les yeux. Il chatouille encore tout doucement les étamines de la harpe tendue sur le front de la lionne. Les menaces de l'oiseau-mère ne lui font plus peur mais sa main n'irait pas loin toucher la pluie.

Le séjour des inséparables associés dans ce lieu solitaire a vivement intrigué un dindon, une dinde et trois oies sorties d'un buisson, sorties d'un étang, sorties d'une boucle de l'automne. Leur curiosité s'éveille et elles tournent lentement autour des sodomistes dont les testicules vaporeux ondulent.

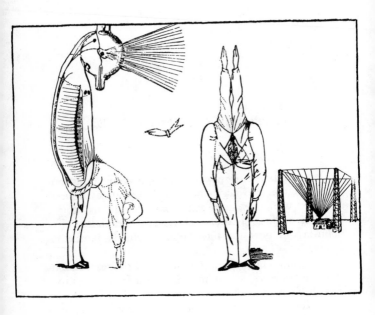

ARRIVÉE DES VOYAGEURS

Ils accoururent au premier signe. Leur enthou-
siasme semait de petits drapeaux vernis sur les dalles
des sommets. Seul, un indifférent...

Par miracle, le plus fort était devenu impuissant. Il
enroulait machinalement les rubans de ses doigts aux
branches des tours en détresse, jurait d'être tranquille,
appréciait les cris des enfants, sa faim, sa soif et son
argent. Au printemps, il cultivait son jardin, la main
armée d'un vase...

Dans l'asile, les vieillards embrassaient en pleurant
leurs compagnons de captivité, les frères lubriques.
La maison pleine de sable, les vitres cassèrent et il
fallut fermer les volets.

On se demande encore qui leur conseilla de ne plus
s'occuper du reste.

PLAISIRS OUBLIÉS

Au bout de la jetée, parti de la mer, sorti de prison, revenu des Indes avec l'assurance des grandes machines indomptables, Robert a fait à sa curiosité un passage à coups d'épingle. Des bourgeons poisseux se dressent et lui saisissent les paupières. La douleur retourne à la chaleur et malgré la douleur, vous pouvez admirer l'âme intrépide, le courage surprenant de ce malheureux, vous pouvez admirer une certaine petite danse mélancolique, déplacée en pareil cas : l'envie de dormir, qui lui lisse les cheveux.

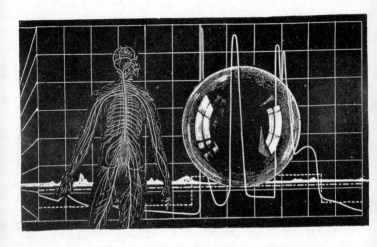

ENTRE LES DEUX PÔLES
DE LA POLITESSE

Cet acrobate, trempé jusqu'aux os, vous apporte dans son goitre les mots fragiles, cet acrobate, prenez garde, porte le mot : fragile. Le doux diapason de l'enfance est disparu. La douce nudité des branches répand une odeur de sainteté devant la montagne. Elle s'est réfugiée dans la boule qui annonce les courbes de la fièvre, dans les bulles de savon que les ivrognes tiennent dans leurs mains pour se défendre des vers luisants, pour sarcler les petits pois, pour éviter les courses de taureaux.

Cette odeur de sainteté garde l'incognito des saints Pierre et Paul qui sont revenus pour voir comment va le monde. Hélas! le goût du commerce a gagné jusqu'aux promontoires dégonflés et personne ne se souvient plus des semences de chapeaux volants en plein hiver.

TOUT NU DANS LA RUE

Dans notre époque de voici des cœurs tout est transformable en toupidrome. Même les flots blancs des longs habits baptismaux dont nous parons nos paons deviennent électriques. Nos enfants en naissant sont nus et brunis par le soleil, nos enfants sont gantés de noir et coiffés de cornettes. Nos amoureux révèlent toutes les difficultés. Signe heureux, ils avalent leur salive et s'installent avec leur chef au bord de la mer en attendant le déluge. Nous méprisons leur fatuité et la pureté de leurs mœurs. Les négresses sont légèrement pommadées de bleu, nous effeuillons leurs paumes, nous séparons notre âge. Nos chiens leur flanquent des coups de pied mais personne ne peut empêcher que les graminées poussent sous nos bras. En vérité : voici des cœurs.

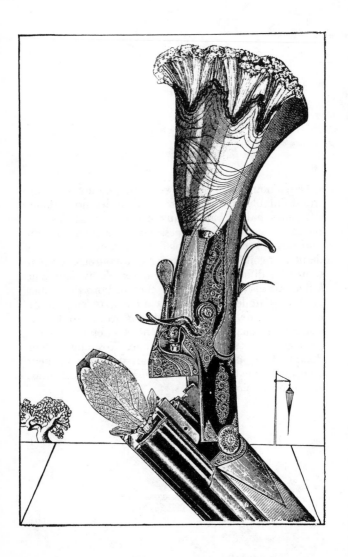

LES AGRÉMENTS ET L'UTILITÉ

Personne ne connaît l'origine dramatique des dents. Un jour l'équateur a dissipé la peur des chaleurs.

Loin de piller nos récoltes, elle change en miel l'éducation dure et physique.

Le tapage de ses cloches natales effarouche ses douleurs et fait sauter son premier enfant de sa bouche construite en amphithéâtre. Que deviendrait-elle, sans l'horizon des ballons et des bêtes étourdies ? Un ciel sans nom, manié avec la main, l'a fait connaître et elle nous montre le vieux loup qui, après l'avoir toute sa vie aimée et combattue, veut vivre avec elle en bonne intelligence.

Quand elle mourra, je n'aurai que six ans.

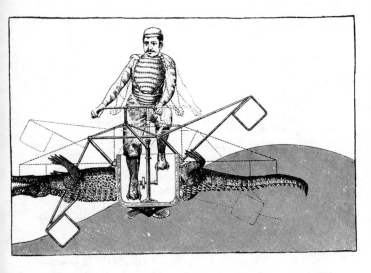

DES ÉVENTAILS BRISÉS

Les crocodiles d'à présent ne sont plus des croco-
diles. Où sont les bons vieux aventuriers qui vous
accrochaient dans les narines de minuscules bicy-
clettes et de jolies pendeloques de glace? Suivant la
vitesse du doigt, les coureurs aux quatre points
cardinaux se faisaient des compliments. Quel plaisir
c'était alors de s'appuyer avec une gracieuse désin-
volture sur ces agréables fleuves saupoudrés de
pigeons et de poivre!

Il n'y a plus de vrais oiseaux. Les cordes tendues
le soir dans les chemins du retour ne faisaient trébucher
personne, mais, à chaque faux obstacle, des sourires
cernaient un peu plus les yeux des équilibristes. La
poussière avait l'odeur de la foudre. Autrefois, les
bons vieux poissons portaient aux nageoires de beaux
souliers rouges.

Il n'y a plus de vraies hydrocyclettes, ni micro-
scopie, ni bactériologie. Ma parole, les crocodiles d'à
présent ne sont plus des crocodiles.

LA PAIX A LA CAMPAGNE

Le soir, quand le hasard lâché creuse les mains des filles, quand le feu rassemble toutes les lianes de l'Ancien Continent et que les pierres des villes comblent les caves, des danseuses de cire et de métal apparaissent à travers l'indifférence des infirmes qui liment avec patience le relief du corps humain. Leurs compagnes écoutent, heureuses comme tout, leur chant perpétuel, monotone et leurs enfants à la chevelure intacte jouent avec les débris des dernières lectures.

LE FUGITIF

Il a mieux aimé se noyer que de signer. Ils l'ont tous abandonné — leur confort, leur passé, leur bonheur, l'espoir. La corde qu'il emporte ne tient pas aux habituelles remorques. Sa poitrine lui servira d'oreiller, l'extrême douceur de son abandon l'éveillera. Le calme qu'il amasse se dépouille de mille brins de mousseline brûlée et des feuilles flottantes d'une plante gourmande. Les saluts des navires font éclore ses ornements naturels pour de futures combinaisons.

Toujours des points de vue et le minimum de moyens.

Au défaut du silence

(1925)

Je me suis enfermé dans mon amour, je rêve.

Qui de nous deux inventa l'autre?

Visage perceur de murailles.

Ta chevelure d'oranges dans le vide du monde
Dans le vide des vitres lourdes de silence
Et d'ombre où mes mains nues cherchent tous tes
reflets.

La forme de ton cœur est chimérique
Et ton amour ressemble à mon désir perdu.
Ô soupirs d'ambre, rêves, regards.

Mais tu n'as pas toujours été avec moi. Ma mémoire
Est encore obscurie de t'avoir vue venir
Et partir. Le temps se sert de mots comme l'amour.

☆

Elle m'aimait pour m'oublier, elle vivait pour mourir.

☆

Dans les plus sombres yeux se ferment les plus clairs.

☆

Les lumières dictées à la lumière constante et
pauvre passent avec moi toutes les écluses de la vie.
Je reconnais les femmes à fleur de leurs cheveux, de
leur poitrine et de leurs mains. Elles ont oublié le
printemps, elles pâlissent à perte d'haleine.

Et toi, tu te dissimulais comme une épée dans la
déroute, tu t'immobilisais, orgueil, sur le large visage
de quelque déesse méprisante et masquée. Toute
brillante d'amour, tu fascinais l'univers ignorant.

Je t'ai saisie et depuis, ivre de larmes, je baise par-
tout pour toi l'espace abandonné.

Amour, ô mon amour, j'ai fait vœu de te perdre.

Grimace, petite fille de naissance.

La forme de tes yeux ne m'apprend pas à vivre.

Et si je suis à d'autres, souviens-toi.

Ta bouche aux lèvres d'or n'est pas en moi pour rire
Et tes mots d'auréole ont un sens si parfait
Que dans mes nuits d'années, de jeunesse et de mort
J'entends vibrer ta voix dans tous les bruits du monde.

Dans cette aube de soie où végète le froid
La luxure en péril regrette le sommeil,
Dans les mains du soleil tous les corps qui s'éveillent
Grelottent à l'idée de retrouver leur cœur.

Souvenirs de bois vert, brouillard où je m'enfonce,
J'ai refermé les yeux sur moi, je suis à toi,
Toute ma vie t'écoute et je ne peux détruire
Les terribles loisirs que ton amour me crée.

Pleure, les larmes sont les pétales du cœur.

Où es-tu? Tournes-tu le soleil de l'oubli dans mon
cœur?

Donne-toi, que tes mains s'ouvrent comme des yeux.

Folle, évadée, tes seins sont à l'avant.

☆

A maquiller la démone, elle pâlit.

☆

Elle est — mais elle n'est qu'à minuit quand tous les oiseaux blancs ont refermé leurs ailes sur l'ignorance des ténèbres, quand la sœur des myriades de perles a caché ses deux mains dans sa chevelure morte, quand le triomphateur se plaît à sangloter, las de ses dévotions à la curiosité, mâle et brillante armure de luxure. Elle est si douce qu'elle a transformé mon cœur. J'avais peur des grandes ombres qui tissent les tapis du jeu et les toilettes, j'avais peur des contorsions du soleil le soir, des incassables branches qui purifient les fenêtres de tous les confessionnaux où des femmes endormies nous attendent.

Ô buste de mémoire, erreur de forme, lignes absentes, flamme éteinte dans mes yeux clos, je suis devant ta grâce comme un enfant dans l'eau, comme un bouquet dans un grand bois. Nocturne, l'univers se meut dans ta chaleur et les villes d'hier ont des gestes de rue plus délicats que l'aubépine, plus saisissants que l'heure. La terre au loin se brise en sourires immobiles, le ciel enveloppe la vie : un nouvel astre de l'amour se lève de partout — fini, il n'y a plus de preuves de la nuit.

Les dessous d'une vie

ou *La pyramide humaine*

(1926)

à Marcel Noll.

> *Sans cesse il s'éveillait, et sans cesse il s'endormait.*
>
> Charles Baudelaire.

> *Alors que la face humaine est venue tyranniser mes rêves.*
>
> Thomas de Quincey.

> *Épouvantable éternité.*
>
> Édouard Young.

D'abord, un grand désir m'était venu de solennité et d'apparat. J'avais froid. Tout mon être vivant et corrompu aspirait à la rigidité et à la majesté des morts. Je fus tenté ensuite par un mystère où les formes ne jouent aucun rôle. Curieux d'un ciel décoloré d'où les oiseaux et les nuages sont bannis. Je devins esclave de la faculté pure de voir, esclave de mes yeux irréels et vierges, ignorants du monde et d'eux-mêmes. Puissance tranquille. Je supprimai le visible et l'invisible, je me perdis dans un miroir sans tain. Indestructible, je n'étais pas aveugle.

LA DAME DE CARREAU

Tout jeune, j'ai ouvert mes bras à la pureté. Ce ne fut qu'un battement d'ailes au ciel de mon éternité, qu'un battement de cœur amoureux qui bat dans les poitrines conquises. Je ne pouvais plus tomber.

Aimant l'amour. En vérité, la lumière m'éblouit. J'en garde assez en moi pour regarder la nuit, toute la nuit, toutes les nuits.

Toutes les vierges sont différentes. Je rêve toujours d'une vierge.

A l'école, elle est au banc devant moi, en tablier noir. Quand elle se retourne pour me demander la solution d'un problème, l'innocence de ses yeux me confond à un tel point que, prenant mon trouble en pitié, elle passe ses bras autour de mon cou.

Ailleurs, elle me quitte. Elle monte sur un bateau. Nous sommes presque étrangers l'un à l'autre, mais sa jeunesse est si grande que son baiser ne me surprend point.

Ou bien, quand elle est malade, c'est sa main que je garde dans les miennes, jusqu'à en mourir, jusqu'à m'éveiller.

Je cours d'autant plus vite à ses rendez-vous que j'ai peur de n'avoir pas le temps d'arriver avant que d'autres pensées me dérobent à moi-même.

Une fois, le monde allait finir et nous ignorions tout de notre amour. Elle a cherché mes lèvres avec des mouvements de tête lents et caressants. J'ai bien cru, cette nuit-là, que je la ramènerais au jour.

Et c'est toujours le même aveu, la même jeunesse, les mêmes yeux purs, le même geste ingénu de ses bras autour de mon cou, la même caresse, la même révélation.

Mais ce n'est jamais la même femme.

Les cartes ont dit que je la rencontrerai dans la vie, *mais sans la reconnaître.*

Aimant l'amour.

☆

Je tourne sans cesse dans un souterrain où la lumière n'est que sous-entendue. Attiré par son dernier reflet, je passe et repasse devant une fille forte et blonde à qui je donne le vertige et qui le redoute pour moi. Elle connaît le langage des sourds-muets, on s'en sert dans sa famille. Je ne suis pas curieux de savoir pourquoi on a tiré sur elle. La balle est restée près du cœur et l'émotion gonfle encore sa gorge.

Et nous roulons en auto, dans un bois. Une biche traverse la route. La belle jeune fille claque de la langue. C'est une musique délicieuse. Elle voudrait voir la couleur de mon sang. Ses cheveux sont coupés à tort et à travers, un vrai lit d'herbes folles qu'elle cache. Quelqu'un près de moi désire confusément fuir avec elle. Je m'en irai et je m'en vais. Pas assez vite pour que, brusquement, je ne sente sa bouche fraîche et féroce sur la mienne.

☆

Au lieu d'une fille, j'ai un fils. Il s'est tiré une balle dans la tête, on l'a pansé, mais on a oublié de lui enlever le revolver. Il a recommencé. Je suis à table avec tous les gens que je connais. Soudain, quelqu'un que je ne vois pas arrive et me dit : « Ton fils s'est tiré sept balles dans la tête et il n'est pas mort. » Alors seulement, un immense désespoir m'envahit et je me détourne pour qu'on ne me voie pas pleurer.

☆

Je vois ses mains retrouver leur lumière et se soulever comme des fleurs après la pluie. Les flammes de ses doigts cherchent celles des cieux et l'amour qu'elles engendrent sous les feuilles, sous la terre, dans le bec des oiseaux, me rend à moi-même, à ce que j'ai été.

Quel est ce portrait que je compose? La vie dont je l'anime, n'est-ce pas ma mémoire reconquise, tous mes désirs anciens, mes rêves inconnus, toute une véritable force blanche que j'ignorais, que j'avais oubliée?

Je croyais bien ne plus l'aimer et je me mêlais à la nuit. Elle était libre et pouvait errer. Mais voici que je la retrouve, voici que, de nouveau, je borne son horizon.

☆

G... a été coquette avec son voisin; elle a même été jusqu'à lui proposer sa photographie et son adresse — sur un ton méprisant il est vrai. Nous sommes alors devant la gare du Nord. Je tiens un pot de colle et, furieux, j'en barbouille le visage de G..., puis je lui enfonce le pinceau dans la bouche. Sa passivité augmente ma colère, je la jette en bas des escaliers, sa tête résonne sur la pierre. Je me précipite et constate qu'elle est morte. Je la prends alors dans mes bras et pars à la recherche d'une pharmacie. Mais je ne trouve qu'un bar qui est à la fois bar, boulangerie et pharmacie. Cet endroit est complètement désert. Je dépose G... sur un lit de camp et m'aperçois qu'elle est devenue toute petite. Elle sourit... Ma douleur ne vient pas de sa mort, mais de l'impossibilité de pouvoir la rendre à sa taille normale, idée qui m'affole complètement.

LES AUTRES

Une jeune femme d'apparence très malheureuse vient me voir à mon bureau. Elle tient dans ses bras un enfant nègre. Nous ne parlons pas, je cherche comment cette femme assez jolie mais si pauvre peut avoir un enfant de cette couleur. Mais soudain elle s'avance vers moi et m'embrasse sur la bouche. J'ai alors l'impression, mais seulement l'impression, de tout comprendre.

L'AUBE IMPOSSIBLE

Le grand enchanteur est mort! et ce pays d'illusion s'est effacé.

Young.

C'est par une nuit comme celle-ci que je me suis privé du langage pour prouver mon amour et que j'ai eu affaire à une sourde.

C'est par une nuit comme celle-ci que j'ai cueilli sur la verdure perpendiculaire des framboises blanches comme du lait, du dessert pour cette amoureuse de mauvaise volonté.

C'est par une nuit comme celle-ci que j'ai régné sur des rois et des reines alignés dans un couloir de craie! Ils ne devaient leur taille qu'à la perspective et si les premiers étaient gigantesques, les derniers, au loin, étaient si petits que d'avoir un corps visible, ils semblaient taillés à facettes.

C'est par une nuit comme celle-ci que je les ai laissés mourir, ne pouvant leur donner leur ration nécessaire de lumière et de raison.

C'est par une nuit comme celle-ci, que beau joueur, j'ai traîné dans les airs un filet fait de tous mes nerfs. Et quand je le relevais, il n'avait jamais une ombre, jamais un pli. Rien n'était pris. Le vent aigre grinçait des dents, le ciel rongé s'abaissait, et quand je suis tombé, avec un corps épouvantable, un corps pesant d'amour, ma tête avait perdu sa raison d'être.

C'est par une nuit comme celle-ci que naquit de mon sang une herbe noire redoutable à tous les prisonniers.

Anguille de praline, pensée de vitrail, élévation des sentiments, il est dix heures. Je ne réussirai pas à séparer les mandolines des pistolets, avec les unes les uns font de la musique à en perdre la vie. Ce soir d'août, pendant que les enfants jouent sur les places des banlieues les plus célèbres, je réfléchis : si les héritiers des ombres s'étonnent d'être séparés des hommes, qu'ils s'en prennent au masturbateur bien connu : le diable vert des légendes du roi Henri IV qui portait un cheval blanc sur son dos pour se rendre à la sacrée guerre contre les Visigoths.

A la fête de Montmartre, une aventurière, fille d'un champion bien connu, apprenait aux jeunes hommes à se servir de leur expérience pour le remarquable jeu du billard en bois. Qu'on me cite un amateur de billard en bois n'ayant pas estimé à leur juste mesure les troubles de la puberté.

L'ironie est une chose, le scarabée rossignolet en est une autre. Je préfère l'épuisette à prendre les animaux féroces de nos déroutes les plus célèbres.

L'homme chauve descendit, un jour de printemps, dans la cave de craie. Il avait les mains pleines. Quand il les ouvrit, la cave respirait à peine. Je propose aux hommes de bonne volonté l'usage des nuances incertaines. Et que votre volonté soit faite, un certain nombre de fois, deux par exemple, pour que je puisse compter, m'endormir et me réjouir.

A LA FENÊTRE

Je n'ai pas toujours eu cette sûreté, ce pessimisme qui rassure les meilleurs d'entre nous. Il fut un temps où mes amis riaient de moi. Je n'étais pas le maître de mes paroles. Une certaine indifférence. Je n'ai pas toujours bien su ce que je voulais dire, mais, le plus souvent c'est que je n'avais rien à dire. La nécessité de parler et le désir de n'être pas entendu. Ma vie ne tenant qu'à un fil.

Il fut un temps où je ne semblais rien comprendre. Mes chaînes flottaient sur l'eau.

Tous mes désirs sont nés de mes rêves. Et j'ai prouvé mon amour avec des mots. A quelle créature fantastique me suis-je donc confié, dans quel monde douloureux et ravissant mon imagination m'a-t-elle enfermé ? Je suis sûr d'avoir été aimé dans le plus mystérieux des domaines, le mien. Le langage de mon amour n'appartient pas au langage humain, mon corps humain ne touche pas à la chair de mon amour. Mon imagination amoureuse a toujours été assez constante et assez haute pour que nul ne puisse tenter de me convaincre d'erreur.

Je feuillette *Le Journal Littéraire*, d'ordinaire sans intérêt. Le numéro que j'ai dans les mains contient de nombreuses photographies de généraux et de camps d'Afrique. A la dernière page, une grande photographie intitulée : « L'Armée Française » représente trois soldats, l'un derrière l'autre ; mais, entre le premier et le second se trouve ma femme habillée à la mode excentrique de 1900 et qui tient à la main une ombrelle ; sur le côté un général Boer avec une longue barbe, une redingote et un chapeau haut de forme. J'apprécie vivement.

C'est sur un trottoir de Paris, dans une rue déserte, que je la rencontre. Le ciel, d'une couleur indécise, me donne le sentiment d'une grande liberté physique.

Je ne vois pas le visage de la femme qui est de la couleur de l'heure, mais je trouve un grand plaisir à ne pas détacher mes regards de l'endroit où il est. Il me semble vraiment passer par les quatre saisons. Au bout d'un long moment, la femme défait lentement les nœuds de rubans multicolores qu'elle a sur la poitrine et sur le ventre. Son visage apparaît alors, il est blanc et dur comme le marbre.

☆

Parce que tu n'es pas là, les dîneurs ont des remords. Je les devine : celui-ci que l'on chasse et qui feint d'en rire, celui-là honteux devant son ennemi et cet autre qui voudrait s'élever et qu'une implacable neurasthénie courbe lentement vers la terre. Remords de dîneurs.

Je sais : tu es dehors, tu es fâchée. Je te rejoins. Des oiseaux barrent la route de l'ombre de leurs ailes, le vent fait son nid sur la montagne de coton, des éphémères lancent des charmes.

Nous irons au bord de la mer. Tu seras sous un arbre qui cligne des feuilles. Le risque n'est pas si grand d'enlever ta robe et de te baigner tout de suite. Les vagues de ta nuque te soutiennent. Où es-tu ? Où es-tu ? Mon cœur se cache, mon cœur se perd. Tu meurs. Tu t'es placée entre l'éternité et moi.

LES CENDRES VIVANTES

Plus j'avance, plus l'ombre s'accroît. Je serai bientôt cerné par ses monuments détruits et ses statues abattues. Je n'arriverai jamais. Mes pensées orgueilleuses ont trop longtemps été liées au luxe de la lumière. Je déroule depuis trop longtemps la soie chatoyante de ma tête, tout ce turban avide de reflets et de compliments. Il n'y a qu'une façon maintenant de sortir de cette obscurité : lier mon ambition à la misère simple, vivre toute ma vie sur le premier échelon nocturne, à peine au-dessus de moi, à peine celui des oiseaux de nuit. Détaché de cette terre, de cette ombre qui m'ensevelit. Le ciel a la couleur de la poussière.

Trois heures du matin. Un cortège, des cris, des chants, des armes, des torches, des brutes. Je suis, je suis obligé de suivre je ne sais quel pacha, quel padischah sonore. J'ai trop sommeil et je me révolte. Je mérite la mort. Mange ton pain sur la voiture qui te mène à l'échafaud, mange ton pain tranquillement. J'ai déjà dit que je n'attendais plus l'aube. Comme moi, la nuit est immortelle.

Dans un bouge, ma mère m'apporte un livre, un si beau livre. Je l'ouvre et je crache dedans. Ma fille est assise en face de moi, aussi calme que la bougie.

La nuit des chiffonniers. Je tiendrai la promesse que j'ai faite aux chiffonniers de leur rendre visite. Leur maison brûle. Ces gens sont vraiment aimables. Je ne méritais pas tant d'honneurs : leurs chevaux brûlent. On cherche dans les fossés les trésors que l'on doit m'offrir. Que le feuillage invisible est beau! J'ai fait un geste incompréhensible : j'ai mis ma main en visière sur mes yeux.

☆

Ce jour-là, je reçois dans un jardin comme je les aime, diverses notabilités, notamment la Présidente de la République, une grande femme très belle, à peu près à l'image conventionnelle de Marianne. Nous nous promenons avec sa suite dans des allées bordées de buis et d'ifs très bien taillés. Au bout d'une allée, une grande porte composée dans sa surface de plusieurs autres portes, une dorée, une rouge, une noire, une verte et, au milieu, la plus petite, blanche. Tous les gens qui m'accompagnent ont une clef différente. Je dois deviner quelle est la bonne, sinon tout le monde s'en ira. Je propose de la jouer aux cartes. Refus. Et ce n'est plus la Présidente, mais le Président de la République que j'ai à mes côtés. Il s'en va. Je l'accompagne poliment.

EN SOCIÉTÉ

Je ne regrette pas — mais seulement parce que le
regret n'est pas une forme suffisante du désespoir —
le temps où j'étais méfiant, où j'espérais encore avoir
quelque ennemi à vaincre, quelque brèche à tailler
dans la nature humaine, quelque cachette sacrée. La
méfiance, c'était encore l'arrêt, la constatation délec-
table du fini. Un fil tiré par une hirondelle qui, les
ailes ouvertes, fait la pointe de la flèche, trompe aussi
bien l'apparence de l'homme que sa réalité. Le vent
n'ira pas où l'homme veut aller avec lui. Heureuse-
ment. Voici les frontières de l'erreur, voici les aveugles
qui ne consentent pas à poser le pied là où la marche
manque, voici les muets qui pensent avec des mots,
voici les sourds qui font taire les bruits du monde.

Les membres las, ma parole, ne se séparent pas
facilement. Leur ignorance de la solitude ne les
empêche pas de se livrer à de sournoises expériences
individuelles de physique amusante, miettes du grand
repos, autant de minuscules éclats de rire des glycines
et des acacias du décor.

La source des vertus n'est pas tarie. De beaux
grands yeux bien ouverts servent encore à la contem-
plation des mains laborieuses qui n'ont jamais fait le
mal et qui s'ennuient et qui ennuient tout le monde.
Le plus bas calcul fait se fermer quotidiennement ces
yeux. Ils ne favorisent le sommeil que pour se plonger

ensuite dans la contemplation des mains laborieuses qui n'ont jamais fait le mal et qui s'ennuient et qui ennuient tout le monde. L'odieux trafic.

Tout cela vit : ce corps patient d'insecte, ce corps amoureux d'oiseau, ce corps fidèle de mammifère et ce corps maigre et vaniteux de la bête de mon enfance, tout cela vit. Seule, la tête est morte. J'ai dû la tuer. Mon visage ne me comprend plus. Et il n'y en a pas d'autres.

NOTICE

On sait que maints ouvrages d'Éluard reprennent des poèmes ou des groupes de poèmes déjà publiés dans de précédents recueils. Ce goût qui était sien de la « répétition », mais dans une occupation toujours renouvelée de l'espace poétique, a posé de délicats problèmes pour l'établissement de ces *Poésies*.

Seule, par ses dimensions, l'édition des *Œuvres complètes*, dans la « Bibliothèque de la Pléiade », permet d'assurer un ordre chronologique rigoureux et d'éviter les doublons. Elle présente, en contrepartie, l'obligation pour le lecteur de recourir aux notes pour prendre connaissance des poèmes non repris et de leurs variantes.

Le but de la présente notice est d'indiquer les quelques options que nous avons prises pour respecter les dispositions adoptées par Éluard et pour présenter chaque recueil dans son état le plus élaboré.

Premiers poèmes (1913-1918).

Ces six poèmes, publiés en 1948 dans un recueil intitulé *Premiers poèmes*, avaient paru en revue ou étaient restés inédits, à l'exception de deux d'entre eux, « Le fou parle » et « Un seul être », repris en 1945 dans *Doubles d'ombres*.

Par cette édition de 1948, Éluard faisait silence sur deux livres de jeunesse dont le premier (1913) s'intitulait également *Premiers poèmes* et le second (1914) *Dialogue des inutiles*.

Le devoir et l'inquiétude suivi de *Le rire d'un autre* (1917).

Dix des poèmes composant ce recueil avaient paru en 1916 dans *Le devoir*. Cinq parmi eux recevront un titre lors de cette réimpression :
Ils se perdent dans le silence, sous le titre « Banal ».
La troupe qui rit toute vive dans l'ombre, sous le titre « Nécessités ».
La mer qui a tous les bateaux, sous le titre « Plaisir ».
Les soldats s'en vont par les avoines hautes, sous le titre « Léger ».
Point de tombes en les forêts, sous le titre « Anxieux ».

Poèmes pour la paix (1918).

A la fin de l'année 1918, Éluard voulut adjoindre dix autres poèmes à chacun des onze de ce recueil. Bien qu'il ait connu un certain développement, ce projet ne devait pas aboutir. Ces textes furent réimprimés entièrement dans *Premiers poèmes* de 1948 et *Poèmes pour tous* (1952).

Les animaux et leurs hommes, les hommes et leurs animaux (1920).

Le recueil contenait cinq dessins d'André Lhote. Il a été intégralement repris dans *Premiers poèmes*, à l'exception de « Salon ».

Pour vivre ici, onze haï-kaïs (1920).

Éluard a daté de 1920 ces onze poèmes dont l'ensemble ne parut cependant, en librairie, qu'en 1948 dans *Premiers poèmes*.

Ils ont été reproduits dans différents recueils. Trois d'entre eux (4, 8 et 9) seront repris ici dans *Exemples* sous les titres particuliers de « Le cœur », « Roues » et « Ah! ».

Les nécessités de la vie et les conséquences des rêves précédé d'*Exemples* (1921).

Les six poèmes qui composent *Les nécessités de la vie* seront tous repris dans *Les dessous d'une vie ou la pyramide humaine* où nous n'avons pas jugé utile de les réintégrer.

Signalons que sept poèmes de *Les conséquences des rêves* figurent dans *Capitale de la douleur :* « Sans musique », « Jour de tout », « Le grand jour », « Les noms : Chéri-Bibi, Gaston Leroux »,« Baigneuse du clair au sombre », « Cachée » et « L'ami ».

Les malheurs des immortels révélés par Paul Éluard et Max Ernst (1922).

Des quatre recueils dus à la collaboration Éluard-Ernst, celui-ci, plus encore que *Répétitions* qui le précède, en marque la période la plus heureuse témoignant d'une « correspondance » parfaite entre le poème et son double plastique. Les textes de cet ouvrage n'ont jamais été repris ultérieurement.

Au défaut du silence (1925).

Ce recueil, comme le précédent, est encore le fruit de la collaboration du poète et du peintre. Édité sans nom d'auteur, cet hommage à Gala comportait dix-huit poèmes d'Éluard et vingt dessins à la plume de Max Ernst.

Quatre de ces poèmes seront repris dans *Capitale de la douleur : Ta chevelure d'oranges...*, *Les lumières dictées...*, *Ta bouche aux lèvres d'or...* et *Elle est...*

Les dessous d'une vie ou la pyramide humaine (1926).

Tous les textes figurant dans ce recueil sont inédits (à l'exception des six poèmes de *Les nécessités de la vie* mentionnés plus haut). Il nous a paru essentiel de reproduire la prière d'insérer-manifeste qu'Éluard composa pour cet ouvrage et que voici :

« Il est extrêmement souhaitable que l'on n'établisse pas une confusion entre les différents textes de ce livre : rêves, textes surréalistes et poèmes*.

« Des rêves, nul ne peut les prendre pour des poèmes. Ils sont, pour un esprit préoccupé du merveilleux, la réalité vivante. Mais des poèmes, par lesquels l'esprit tente de désensibiliser le monde, de susciter l'aventure et de subir des enchantements, il est indispensable de savoir qu'ils sont la conséquence d'une volonté assez bien définie, l'écho d'un espoir ou d'un désespoir formulé.

« Inutilité de la poésie : le monde sensible est exclu des textes surréalistes et la plus sublime lumière froide éclaire les hauteurs où l'esprit jouit d'une liberté telle qu'il ne songe même pas à se vérifier. »

* Textes surréalistes : p. 153 *(Anguille de praline)*
p. 158 (« En société »)
(dans *Les dessous d'une vie*).

Poèmes :

dans *Les nécessités de la vie* :

p. 73 (« Vrai »)
p. 73 (« Les autres »)
p. 74 (« Les fleurs »)
p. 74-75 (« Définitions »)
p. 75 (« La paresse »)
p. 76 (« Conséquences des rêves »)

dans *Les dessous d'une vie* :

p. 148 *(D'abord un grand désir...)*
p. 150 *(Je tourne sans cesse...)*
p. 151 *(Je vois ses mains...)*
p. 154 (« A la fenêtre »).

Tous les autres textes sont des rêves.

En 1937, dans *Premières vues anciennes*, Éluard reprendra ce texte que Breton estimait « en contradiction formelle avec l'esprit surréaliste » : il y voyait un retour fâcheux à l'esthétisme dans le souci, énoncé ici, d'une division par genre et dans une « prédilection marquée pour le poème ».

Dans le correctif que nous donnons ci-après, Éluard réaffirme son désir de différenciation mais en accordant, cette fois, une indéniable primauté au poème :

« Je n'écrirais plus aujourd'hui l'introduction que j'écrivis en 1926 aux *Dessous d'une vie*. J'ai varié. Mais le même désir me reste d'établir les différences entre rêves, poèmes et textes automatiques.

On ne prend pas le récit d'un rêve pour un poème. Tous deux réalité vivante, mais le premier est souvenir, tout de suite usé, transformé, une aventure, et du deuxième rien ne se perd, ni ne change. Le poème désensibilise l'univers au seul profit des facultés humaines, permet à l'homme de voir autrement, d'autres choses. Son ancienne vision est morte, ou fausse. Il découvre un nouveau monde, il devient un nouvel homme.

On a pu penser que l'écriture automatique rendait les poèmes inutiles. Non : elle augmente, développe seulement le champ de l'examen de conscience poétique, en l'enrichissant. Si la conscience est parfaite, les éléments que l'écriture automatique extrait du monde intérieur et les éléments du monde extérieur s'équilibrent. Réduits alors à égalité, ils s'entremêlent, se confondent pour former l'unité poétique. »

LA VIE ET L'ŒUVRE
DE PAUL ÉLUARD

1895, 14 décembre : Naissance de Eugène-Émile-Paul Grindel à Saint-Denis (Seine). Son père est comptable. Élève à l'école de Saint-Denis, puis à celle d'Aulnay-sous-Bois. En 1909, à l'école primaire supérieure Colbert, à Paris.

1912, décembre : Une hémoptysie le contraint à interrompre ses études. Il entre au sanatorium de Clavadel, près de Davos, en Suisse, où il rencontre une jeune Russe, Hélène Dmitrovnia Diakonova qu'il prénomme Gala. Elle deviendra Gala Éluard en 1917.

Lecture des *Feuilles d'herbe* de Whitman et des poètes unanimistes du groupe de l'Abbaye de Créteil.

1913 : Grindel publie, à compte d'auteur, *Premiers poèmes* et, l'année suivante, *Dialogues des inutiles* (détruits plus tard par leur auteur).

1914, décembre : Quelques mois après sa sortie du sanatorium, il est mobilisé.

1916 : Infirmier à l'hôpital ordinaire d'évacuation n° 18 à Hargicourt (Somme). Il signe Éluard, du nom de sa grand-mère maternelle, une plaquette de vers polycopiée, *Le devoir*.

1917 : Sur le front, au 95e R.I. Hospitalisé, il rentre à Paris.

1918, en mai : Naissance de sa fille, Cécile.

En juillet, Éluard publie les *Poèmes pour la paix*.

1919 : Il rejoint le groupe dadaïste où il entre en relations avec Aragon, Breton, Soupault, Tzara.

1920 : Il publie le premier numéro de sa revue *Proverbe* et *Les animaux et leurs hommes, les hommes et leurs animaux.*

1921 : *Les nécessités de la vie et les conséquences des rêves.*

1922 : Le groupe dadaïste s'effrite. Publication des *Malheurs des immortels* et de *Répétitions.*

1924 : Le premier *Manifeste du surréalisme* permet de regrouper les transfuges de Dada autour d'André Breton.

Éluard publie *Mourir de ne pas mourir*, puis s'embarque à Marseille pour une fugue de sept mois en Extrême-Orient. A son retour il participe à la rédaction du premier numéro de *La Révolution surréaliste.*

1925 : *152 Proverbes mis au goût du jour*, écrits en collaboration avec Benjamin Péret, et *Au défaut du silence.*

1926 : *Capitale de la douleur. Les dessous d'une vie ou la pyramide humaine.* Éluard adhère au parti communiste et collabore à la revue *Clarté.*

1927 : Signe avec Aragon, Breton, Péret et Unik, la « lettre des cinq » aux surréalistes non communistes.

1928 : *Défense de savoir.* Éluard est hospitalisé dans les Grisons, au sanatorium d'Arosa, où il passera l'hiver.

1929 : *L'Amour la poésie.* Éluard rencontre Nusch (Maria Benz) qui l'accompagnera dix-sept ans, et René Char.

1930 : *Ralentir travaux*, en collaboration avec Char et Breton. *A toute épreuve. L'Immaculée conception*, en collaboration avec Breton.

1931 : *Dors.*

1932 : *La Vie immédiate.* Au lendemain du Congrès international des écrivains révolutionnaires de Kharkov, Éluard rompt avec Aragon et fait paraître contre lui un texte sévère : *Certificat.*

1933 : Éluard est exclu du parti communiste. Il publie *Comme deux gouttes d'eau.*

1934 : Il signe un *Appel collectif à la lutte contre le péril fasciste* et participe au Comité de vigilance des Intellectuels. *La Rose publique* clôt une certaine manière de poésie expérimentale.

1935 : Conférences à Prague, pour l'exposition surréaliste, avec Breton. *Nuits partagées* et *Facile.*

1936 : *Grand air, La Barre d'appui, Notes sur la poésie* (avec Breton), *Les Yeux fertiles.* Série de conférences en Espagne autour d'une rétrospective Picasso et à Londres où se tient l'Exposition internationale du surréalisme. Prend position contre le coup de force franquiste.

1937 : *L'Évidence poétique, Les Mains libres, Premières vues anciennes, Appliquée, Quelques-uns des mots qui jusqu'ici m'étaient mystérieusement interdits.*

1938 : Organise avec Breton « l'Exposition internationale du surréalisme » à Paris et collabore avec lui au *Dictionnaire abrégé du surréalisme.* Après le bombardement de Guernica, en Espagne, Éluard s'engage plus activement et plus violemment qu'avant (« La victoire de Guernica » dans *Cours naturel*). *Solidarité,* illustré par Miró, Picasso, Tanguy, Masson, est vendu au profit des Républicains espagnols. Publication de *Médieuses.*

1939 : *Chanson complète, Donner à voir.* Éluard est mobilisé dans l'Intendance à Mignères (Loiret).

1940 : Éluard démobilisé regagne Paris. Parution du *Livre ouvert I.*

1941 : *Moralité du sommeil* et *Sur les pentes inférieures.* Éluard s'engage dans la Résistance.

1942 : Les avions de la Royal Air Force parachutent au-dessus des maquisards des milliers d'exemplaires de *Poésie et vérité 1942.* Le poète revient définitivement dans le sein du parti communiste. *Le Livre ouvert II. Poésie involontaire et poésie intentionnelle.*

1943 : Renoue avec Aragon et anime avec lui le Comité national des écrivains. Collabore aux *Lettres françaises,* rassemble les textes de *L'Honneur des Poètes,* pour les Éditions de Minuit. Publie *Les Sept poèmes d'amour en guerre,* sous le pseudonyme de Jean du Haut. De novembre 43 à février 44, Éluard se cache à l'hôpital psychiatrique de Saint-Alban en Lozère. Il compose *Souvenirs de la maison des fous* (publié en 46).

1944, février : Retour à Paris. *Le lit la table.* Publie *Les Armes de la douleur,* pour la libération de Toulouse. Fonde un journal clandestin, *L'Éternelle Revue.* Août : Le poète sort de la clandestinité et publie une somme de poèmes écrits dans la Résistance : *Dignes de vivre, Au rendez-vous allemand, A Pablo Picasso.* Il reçoit la Médaille de la Résistance.

1945 : *En avril 1944 : Paris respirait encore !, Doubles d'ombre, Lingères légères, Une longue réflexion amoureuse, Le Vœu.*

1946 : *Poésie ininterrompue I.* Conférences en Tchécoslovaquie et en Italie. Voyage en Yougoslavie et en Grèce. *Le Dur désir de durer. Objet des mots et des images.*

28 novembre : Éluard apprend, en Suisse où il séjourne, la mort de Nusch. De ce jour jusqu'à sa rencontre avec Dominique Lemor au Congrès mondial de la Paix à Mexico (1949), le poète traverse une période de désespoir.

1947 : *Elle se fit élever un palais. Le Temps déborde. Corps mémorable. Le meilleur choix de poèmes est celui que l'on fait pour soi. A l'intérieur de la vue, 8 poèmes visibles.*

1948 : *Picasso à Antibes. Voir. Premiers poèmes, 1913-1921. Poèmes politiques.* Éluard se fait le porte-parole de la paix et de la liberté dans de nombreux pays. *Perspectives, Corps mémorable, Le Bestiaire.*

1949 : *La Saison des amours.* Parcourt la Macédoine et passe quelques jours auprès des partisans grecs. *Grèce ma rose de raison. Une leçon de morale.*

1950 : *Hommage aux Martyrs et aux combattants du Ghetto de Varsovie.* Voyage en Tchécoslovaquie et en U.R.S.S.

1951 : Mariage d'Éluard et de Dominique. Ils partagent leur temps entre Paris, Beynac (Dordogne) et Saint-Tropez. Publication de *Pouvoir tout dire, Première anthologie vivante de la poésie du passé, La Jarre peut-elle être plus belle que l'eau?, Le Visage de la Paix, Grain-d'aile, Le Phénix, Marines.*

1952 : A Genève, Paul Éluard donne une conférence sur le thème : *La Poésie de circonstance.* Représentant le peuple français, il participe à Moscou aux manifestations organisées pour commémorer le cent-cinquantième anniversaire de la naissance de Victor Hugo et le centième anniversaire de la mort de Gogol.

Il publie l'*Anthologie des écrits sur l'art, Les Sentiers et les routes de la poésie.* Il achève *Poésie ininterrompue II.* Pendant l'été, le poète subit une première attaque d'angine de poitrine. Le 18 novembre, à 9 heures du matin, à son domicile parisien de l'avenue de Gravelle, Paul Éluard succombe à une nouvelle crise cardiaque.

BIBLIOGRAPHIE

1917   *Le devoir et l'inquiétude* (Gonon).
1918   *Poèmes pour la paix.*
1920   *Les animaux et leurs hommes, les hommes et leurs animaux* (Au Sans Pareil).
1921   *Les nécessités de la vie et les conséquences des rêves* précédé d'*Exemples* (Au Sans Pareil).
1922   *Répétitions* (Au Sans Pareil).
1924   *Mourir de ne pas mourir* (N.R.F.).
1925   *Au défaut du silence.*
1926   *Capitale de la douleur* (N.R.F.). *Les dessous d'une vie ou la pyramide humaine* (Les Cahiers du Sud).
1928   *Défense de savoir* (Éditions surréalistes).
1929   *L'Amour la poésie* (N.R.F.).
1930   *A toute épreuve* (Éditions surréalistes).
1931   *Dors.*
1932   *La Vie immédiate* (Éditions des Cahiers libres).
1933   *Comme deux gouttes d'eau* (Corti).
1934   *La Rose publique* (N.R.F.).
1935   *Nuits partagées* (G.L.M.).
1936   *La Barre d'appui* (Éditions des Cahiers d'Art). *Les Yeux fertiles* (G.L.M.).
1937   *L'Évidence poétique* (G.L.M.). *Appliquée. Les Mains libres* (Édition Jeanne Bucher). *Quelques-uns des mots qui jusqu'ici m'étaient mystérieusement interdits* (G.L.M.).
1938   *Cours naturel* (Éditions du Sagittaire). *Médieuses.*
1939   *Chanson complète* (N.R.F.). *Donner à voir* (N.R.F.).
1940   *Le Livre ouvert I* 1938-1940 (Éditions des Cahiers d'Art).
1941   *Moralité du sommeil* (Éditions de l'Aiguille Aimantée,

Anvers). *Sur les pentes inférieures* (Éditions La Peau de Chagrin). *Choix de poèmes 1916-1940* (N.R.F.).

1942   *Le Livre ouvert II* 1939-1941 (Éditions des Cahiers d'Art). *La dernière nuit. Poésie involontaire et poésie intentionnelle* (Éditions Poésie 42). *Poésie et vérité 1942* (Éditions de la Main à la Plume).

1943   *Les Sept poèmes d'amour en guerre* (Bibliothèque française).

1944   *Le lit la table* (Éditions des Trois Collines, Genève). *Dignes de vivre* (Éditions Sequana). *Au rendez-vous allemand* (Éditions de Minuit). *A Pablo Picasso* (Éditions des Trois Collines, Genève).

1945   *En avril 1944 : Paris respirait encore! Lingères légères* (Seghers). *Une longue réflexion amoureuse* (Éditions Ides et Calendes, Neuchâtel).

1946   *Poésie ininterrompue* (Gallimard). *Souvenirs de la maison des fous* (Éditions Pro Francia). *Le Dur désir de durer* (Éditions Arnold-Bordas). *Objet des mots et des images.*

1947   *Le Livre ouvert (1938-1944) I et II* (Gallimard). *Le Temps déborde* (Éditions des Cahiers d'Art). *Corps mémorable* (Seghers). *Le meilleur choix de poèmes est celui que l'on fait pour soi, 1818-1918* (Éditions du Sagittaire).

1948   *Picasso à Antibes* (Éditions Drouin). *Voir* (Éditions des Trois Collines, Genève). *Premiers poèmes 1913-1921* (Éditions Mermod, Lausanne). *Poèmes politiques* (Gallimard). *Perspectives* (Maeght).

1949   *Une leçon de morale* (Gallimard).

1950   *Hommages* (Éditions des Cahiers de la Poésie Nouvelle, Namur).

1951   *Pouvoir tout dire* (Éditions Raisons d'être). *Le Phénix* (G.L.M.). *Grain-d'aile. La Jarre peut-elle être plus belle que l'eau?* (Gallimard). *Première anthologie vivante de la poésie du passé* (Seghers). *Le Visage de la Paix* (Éditions Cercle d'Art).

1952   *Anthologie des écrits sur l'art* (Éditions Cercle d'Art). *Les Sentiers et les routes de la poésie* (Éditions Les Écrivains réunis).

LES NÉCESSITÉS DE LA VIE
ET LES CONSÉQUENCES DES RÊVES
précédé d'EXEMPLES

LES MALHEURS DES IMMORTELS
révélés par Paul Éluard et Max Ernst

Ce volume,
le soixante-cinquième de la collection Poésie,
a été reproduit et achevé d'imprimer
par l'Imprimerie Floch à Mayenne
le 23 mai 1986.
Dépôt légal : mai 1986.
1ᵉʳ dépôt légal dans la collection : janvier 1971.
Numéro d'imprimeur : 24334.

ISBN 2-07-031808-7 / Imprimé en France.